Peter Roh

Die Grundirrthümer unserer Zeit

Vierte Auflage

Peter Roh

Die Grundirrthümer unserer Zeit
Vierte Auflage

ISBN/EAN: 9783744627030

Hergestellt in Europa, USA, Kanada, Australien, Japan

Cover: Foto ©ninafisch / pixelio.de

Weitere Bücher finden Sie auf **www.hansebooks.com**

Die

Encyclica Papst Pius' IX.

vom

8. Dezember 1864.

———

Stimmen aus Maria=Laach.

———

II.

Die Grundirrthümer unserer Zeit.

Von

Peter Roh.

Freiburg im Breisgau.
Herder'sche Verlagshandlung.
1869.

Die

Grundirrthümer unserer Zeit.

Von

Peter Roh,
Priester der Gesellschaft Jesu.

Vierte, unveränderte Auflage.

Freiburg im Breisgau.
Herder'sche Verlagshandlung.
1869.

Buchdruckerei der Herder'schen Verlagshandlung in Freiburg.

Haſt du, lieber Leſer, das Rundſchreiben, welches unſer hl. Vater Pius IX. am 8. Dezember 1864 an ſämmtliche Patriarchen, Primaten, Erzbiſchöfe und Biſchöfe der katholiſchen Kirche erlaſſen hat, ſchon geleſen? Du darfſt es nicht unbeachtet an dir vorübergehen laſſen. Es iſt wahrhaft ein Ereigniß in deinem Leben, und ein folgenſchweres Ereigniß. Papſt Pius iſt dem äußern Anſcheine nach der ſchwächſte der Fürſten auf Erden, deſſen Sturz näher als der irgend eines andern bevorzuſtehen ſcheint. Er hat mehr Feinde als irgend ein anderer, und wenn unter den Fürſten der Welt es wohl einige gibt, die ihm in ihrem Herzen wohlwollen, ſo wagt es doch keiner, ſich offen als ſeinen Bundesgenoſſen und Beſchützer hinzuſtellen. Dennoch ſehen wir den ſo allſeitig verlaſſenen, allſeitig bedrohten Papſt nicht nur allen Drohungen mit unerſchütterlicher Ruhe, mit ungetrübtem Gleichmuthe trotzen; er geht noch viel weiter: er wirft mit wahrhaft apoſtoliſchem Freimuthe ſeinen Feinden alle ihre Vergehen, alle ihre Irrthümer, alle ihre Thorheiten offen in's Angeſicht. Einer Zeit, die auf ihre Wiſſenſchaft wie keine andere pocht und vor ihrer Bildung anbetend auf den Knieen liegt, ruft er vom Stuhle des Apoſtelfürſten Petrus herab: Du irreſt! Deine Götter ſind eitle Götzen! Deine Weisheit iſt Thorheit! Woher nimmt wohl Pius dieſe Kraft, dieſe Zuverſicht? Warum iſt er unter den Mächtigen der Erde der einzige wahrhaft Starke? Während ſeine Zeit nur Anſichten, nur Meinungen hat, die bei der erſten Probe als Dunſt und Irrthum ſich erweiſen; während ſeine Mitwelt in ſo verſchiedenen Richtungen auseinander geht und nichts mehr als ausgemachte Wahrheit gelten läßt, hat der Papſt die unerſchütterliche Zuverſicht, die Wahrheit, die reine Wahrheit, die ganze Wahrheit zu beſitzen. Dieſe Erſcheinung iſt doch wohl einigen Nachdenkens werth; ſie verdient die Beachtung eines jeden Menſchen, der überhaupt noch ein geiſtiges Leben führt.

Mit seinem Erlasse hat der Papst seine Zeit vor die Schranken des unwandelbaren Christenthums gefordert: jenes Christenthums, das die christlichen Staaten gebildet und die christlichen Völker von der tiefsten Barbarei zu einer früher nie erreichten Größe emporgehoben hat. Wird sie der Aufforderung folgen? Nach den Kundgebungen der meisten Tagblätter zu urtheilen, nein! Man untersucht nicht mehr; man streitet nicht mit dem Papste; man nimmt sich nicht die vergebliche Mühe, ihn zu widerlegen. Man will eben vom Christenthum nichts mehr wissen. Darum lästert oder verhöhnt oder bemitleidet man Pius, weil er noch am Christenthum festhält, das Christenthum noch predigt und durch das Christenthum der Menschheit nützen, die Gesellschaft noch retten zu können glaubt. Hätte man keine andern Haltpunkte, als menschliche Weisheit, so wäre man versucht, in dem Mahnrufe des greisen Oberpriesters nur den letzten Ruf des Steuermannes vor dem Untersinken des Schiffes zu sehen. Die Grundlagen der Gesellschaft sind bloßgelegt; ihre Feinde sind überall fest und geschickt organisirt, und von allen ihren Höhen herab werden durch Wort und That die Grundsätze proclamirt, welche den Umsturz jeglicher Rechtsordnung von unten herauf rechtfertigen. Das Ende des vorigen Jahrhunderts hat fühlen müssen, was es für christliche Völker sei, mit dem Christenthum zu brechen. Die furchtbare Strafe hat unserm Jahrhundert leider wenig genützt. Wird wohl die zweite milder, glimpflicher ausfallen? Die christlichen Völker sind das, was sie sind, durch das Christenthum geworden. Einige unter ihnen haben zwar gute Anlagen als natürliche Mitgift in die Kirche Christi mitgebracht; ihre Entwicklung aber und ihre nachmalige Größe verdanken alle der Kirche Gottes. Unsere ganze Civilisation ist eine christliche, alle unsere wahren socialen Güter sind Früchte des Christenthums. Was müßte also aus uns werden, wenn das Christenthum aus unserer Mitte gänzlich verschwände? Offenbar das, was aus Asien und Afrika durch die Lostrennung von Rom und dem Christenthum geworden ist: ja wohl noch Aergeres. Denn das griechische Schisma und der Mohammedanismus gehen in der Läugnung der christlichen Wahrheiten wahrlich nicht so weit, wie der moderne Unglaube in unserer Mitte, der, verblendet von seinem Hasse gegen das positive Christenthum, bis zur Läugnung der Grundwahrheiten der Vernunft und zur Zerstörung aller Grundlagen der menschlichen Gesellschaft folgerichtig und unaufhaltsam fortgetrieben wird.

Unsere Hoffnung, daß Europa nie zur Barbarei zurückgeführt werde,

beruht letztlich auf der providentiellen Gottesthat, welche den unzerstör=
baren Mittelpunkt seiner unzerstörbaren Kirche nach Europa verlegt hat.
Wie zu allen Zeiten, so in der unserigen, werden die Sturmfluthen,
welche die Mächte des Abgrundes auftreiben, an dem Felsen Petri sich
brechen. Jene, die sich an diesen Felsen mit der Brandung hintreiben
lassen, werden an demselben zerschellen. Jene aber, die während des
Sturmes auf dem Felsen sich behauptet, werden gerettet den Tag einer
schönern Weltepoche heranbrechen sehen. Der jetzige Kampf ist voraus=
sichtlich der letzte große Kampf. Der menschliche Geist hat alle einzelnen
Häresien, die gegen das Christenthum möglich sind, durchgemacht; er
kämpft nun als die verkörperte Häresie selbst im Bunde mit allen er=
denklichen falschen Philosophien gegen das im Papstthum verkörperte
Christenthum und gegen jede sittliche und rechtliche Ordnung. Er greift
nicht mehr bloß einzelne Wahrheiten an, er läugnet Alles; er bekämpft
nicht mehr einzelne Theile des socialen Gebäudes, er hat das ganze
Gebäude untergraben, er will es ganz in die Luft sprengen. Unterliegt
er dießmal, so hat er keine Armee mehr, und es möchte wohl lange
dauern, bis der alte Maulwurf wiederum stoßen kann. Diesem großen
Kampfe kann nur ein stupider Mensch gleichgültig zusehen. Es ist Nie=
manden freigestellt, hier neutral sich zu verhalten. Du wirst von der
einen oder von der andern Fluth mit fortgerissen und in die Brandung
geschleudert. Du gehst mit Christus oder mit dem Antichrist. Wenn
du mit Christus nicht sammelst, so zerstreuest du.

Nun hat der Statthalter Christi auf Erden, seiner göttlichen Sen=
dung und seiner heiligen Pflicht sich wohl bewußt, wie an alle Christen,
so an dich den apostolischen Mahnruf erlassen. Er bezeichnet dir die
Irrthümer, die dich umschwirren, damit du dich vor ihnen bewahrest
und, in der Wahrheit fest verharrend, mit der unbesiegbaren Kraft
derselben in diesem entscheidenden Kampfe siegest. Du darfst also das
apostolische Schreiben nicht unterschätzen, sondern du wirst dasselbe mit
Ehrfurcht lesen und beherzigen. Ich mache dir nun den freundlichen
Vorschlag, es mit mir zu lesen. Ich kann es wohl nicht ganz mit dir
durchgehen. Das Verzeichniß der Irrthümer, die es verurtheilt, zählt
80 Sätze auf, welche reichlichen Stoff zu mehreren dicken Bänden liefern
können. Ich möchte mit dir, lieber Leser, nur den ersten und dritten
Paragraphen durchgehen. Der zweite geht eigentlich einzig katholische
Schulgelehrte an, wie er auch von ihnen allein verstanden werden kann.
Da ich nun im Folgenden nicht gedenke, für Gelehrte zu schreiben, werde

ich ihn überspringen. Ohnehin muß man von Diesen, welche gelehrt genug sind, um ohne fremde Auslegung das päpstliche Schreiben zu verstehen, und aufrichtig Kinder der Kirche sein wollen, voraussetzen, daß sie das Wort des obersten Theologen mit gebührender Ehrfurcht aufnehmen und getreu befolgen werden. Die Sätze aber, welche im ersten und dritten Paragraphen aufgezählt werden, enthalten die eigentlichen Grundirrthümer, aus welchen ungefähr alle andern fließen. Darum scheint es mir wichtig, für Leser, die ihre Irrthümlichkeit und ihre verderblichen Folgen nicht gleich einsehen, den faßlichen, handgreiflichen Beweis zu liefern, daß der Papst dieselben mit vollstem Rechte verworfen hat und jeder richtig denkende Mensch sie verwerfen muß.

§. I.

Der erste Paragraph trägt die Ueberschrift: Pantheismus, Naturalismus und absoluter Rationalismus. Wir wollen uns diese Systeme der Reihe nach ansehen.

Pantheismus.

Dieses griechische Wort bezeichnet die Lehre gewisser Philosophen, welche behaupten: Alles, was da ist, sei Gott, und somit Gott und das Weltall für ein und dasselbe Wesen halten, und also keinen Schöpfer, keinen Herrn der Welt, kein von dem Weltall verschiedenes göttliches Wesen annehmen. Im Grunde ist Pantheismus mit dem Atheismus, d. h. mit der völligen Läugnung Gottes, eine und dieselbe Lehre [1], und daß Pantheismus ebenso gut als Atheismus directer Gegensatz des Christenthums sei, wird kein denkfähiger Christ läugnen. Der Pantheist hat aber vor dem Atheisten den bodenlosen Hochmuth voraus, daß er sich selber zum Gotte oder zu einem Bestandtheile der Gottheit aufwirft. Der Atheismus aber, als nackte Läugnung Gottes, verstößt einerseits zu sehr gegen das Bewußtsein der ganzen Menschheit, als

---

[1] In seiner Allocution vom 9. Juni 1862 bezeichnet Pius IX. die Pantheisten als Atheisten mit den Worten: „Sie kommen zuletzt auf jenen Punkt des Unglaubens und der Unverschämtheit, daß sie den Himmel stürmen und Gott selbst abschaffen wollen."

daß sich ein anständiger Mensch offen als Atheist hinstellen möchte; andererseits läßt sich über den Satz: „Es gibt keinen Gott," auch nichts Gelehrtes oder Gelehrtscheinendes sagen. Darum hat der scheußliche Atheismus sich den faltenreichen Mantel des Pantheismus umgeworfen und stolzirt nun als hohe Philosophie einher. In seiner pantheistischen Form aber ist der Atheismus viel verführerischer, weit schwerer zu entlarven und in seiner nackten Nichtigkeit zu erkennen. Bevor ich versuche, ihm den gelehrten Schulanzug von den Schultern zu reißen und ihn nackt hinzustellen, wollen wir einen Blick auf den ersten Satz werfen, welcher ihn erschöpfend charakterisirt:

„Es gibt kein höchstes, weisestes, allvorsehendes, göttliches „Wesen, unterschieden vom Weltall, und Gott ist eins und „dasselbe mit der Natur, und deßhalb Veränderungen unter- „worfen, und Gott wird in der That im Menschen und in der „Welt; Alles ist Gott und hat die eigenste Wesenheit Gottes; „ein und dasselbe sind Gott und die Welt, und ebenso Geist „und Materie, Nothwendigkeit und Freiheit, Wahr und Falsch, „Gut und Bös, Gerecht und Ungerecht!"

Dieser ungeheuerliche Satz drängt uns wie in einen einzigen Brennpunkt die hauptsächlichsten destructiven Lehren der antichristlichen Philosophie zusammen, welche seit bald einem Jahrhunderte einen sehr bedeutenden Theil unserer Literatur, und darum auch des Lebens, beherrschen. Obenan steht die Läugnung eines persönlichen, vom Weltall wesentlich unterschiedenen Gottes. Aus dieser aber ergibt sich alles Uebrige von selbst als reine Folgerung. Vernunft und Christenthum setzen oben an den Glauben an einen persönlichen Gott, der allein ewig und unendlich vollkommen aus freiem Willen und mit unendlicher Weisheit alle Dinge aus dem Nichts erschaffen hat. Wie sie aus dem Dasein der zufälligen Dinge auf das Dasein eines nothwendigen Wesens schließen, so auch aus den Vollkommenheiten der Geschöpfe auf die Vollkommenheiten des Schöpfers, jedoch so, daß sie dieselben in Gott stets unbegrenzt und ohne irgend eine Beimischung eines Mangels, einer Unvollkommenheit, annehmen. Sie sehen in jedem Geschöpfe den Ausdruck eines göttlichen Gedankens und eines göttlichen Willens. So wird ihnen der Begriff von Gott einerseits, und der im Geschöpfe geoffenbarte göttliche Gedanke und Wille andererseits zum obersten unwandelbaren Maßstab und zum Regulator für ihr ganzes Denken und Trachten, Thun und Lassen. Wer aber das Dasein dieses persönlichen Gottes, des Schöpfers und darum Herrn und Endziels aller Dinge, läugnet, der löscht die Sonne der Geister aus, der wirft den Schlußstein des Alls herunter. Er drehe und wende sich, wohin er will, er findet überall nur die unabweisbaren Folgen seines riesenhaften Frevels. Anstatt der obersten Einheit Gottes, die aus Liebe allen Dingen das Dasein gibt und den Menschen mit sittlicher Freiheit begabt, findet er überall ein blindes Geschick, das Alles beherrscht und unaufhaltsam zu Unbekanntem forttreibt. — Seine Vernunft vermag keine festen Begriffe mehr aus einander zu halten und sie verschmachtet im Skepticismus. Sein Herz hat ohne Wahrheit auch keine Tugend, nichts wahrhaft Schönes zu lieben. Sein Sinn für Recht und Pflicht ist gegenstandslos geworden. Mit einem Worte: das geistige und das sittliche Leben hat kein Object und keine Unterlage; es ist mitten in der Materie als Theil der Materie nur in einem Strom von Schlamm, der sich unaufhaltsam fortwälzt, es weiß nicht, wohin. — Wie kam doch der menschliche Geist zu einer solchen Lehre? Hierauf zuerst die Antwort.

Kaum fängt in der Kindheit unsere Vernunft an, zum Selbstbewußtsein zu gelangen, so plagen wir Vater und Mutter und unsere ganze Umgebung mit unzähligen Fragen, welche der Anblick der uns umgebenden Dinge erweckt. Wozu dieß, wozu das? Wer hat dieß Alles gemacht? Da wurde uns gesagt: Gott hat alle Dinge erschaffen. Wir fragten wohl noch weiter: aber wer hat denn Gott gemacht? Und auf die Antwort: Gott ist ewig durch sich selbst, — hatten wir kein Bedürfniß, weiter zu fragen. Wir lernten Gott als den allmächtigen, allweisen Schöpfer aller Dinge anbeten, als unsern gerechten, allgütigen Vater fürchten und lieben. In dieser Gottesfurcht und Gottesliebe wuchsen wir heran als die Freude und Hoffnung unserer Eltern: in dieser Gottesfurcht und Gottesliebe verlebten wir die unschuldigsten und darum auch die glücklichsten Jahre unseres Lebens. Wer diese Gottesfurcht und Gottesliebe unverletzt bis an's Ende des Lebens bewahrt, lebt trotz Allem, was ihm auf Erden Widerwärtiges begegnet, ein glückliches Leben, und stirbt ruhig und getrost in der Zuversicht, zu Gott zu gelangen und ewig mit ihm und in ihm glücklich zu sein.

Aber Gottesfurcht und Gottesliebe finden in unserm Herzen einen angebornen Feind, die böse Begierlichkeit, welche die Sünde, die Verachtung, die Beleidigung Gottes gebiert. Und viele folgen der Begierlichkeit. Dann wird ihnen Gott zuwider, weil sie selbst sich Gott entgegengesetzt haben. Der allwissende, überall gegenwärtige, unendlich heilige, gerechte, allmächtige Gott drückt dann wie eine unendliche Last auf ihr schuldbewußtes Herz. Furcht und Schrecken durchbebt ihre Gebeine bei jedem Gedanken an Gott. Gott wird ihnen unerträglich, darum müssen sie sich seiner zu entledigen suchen. Ein Gottloser hat einst gesagt: Die Furcht habe die Gottheit geschaffen. Das Umgekehrte ist wahr. Die Vernunft erkennt Gott, aber die Furcht läugnet ihn.

Wir dürfen nun nicht erwarten, daß der Sünder sage: ich mag nicht gottgefällig leben, darum mag ich auch nicht an Gott glauben. Das wäre zu demüthig, zu ehrlich gesprochen, und mit dem einfach nicht glauben Wollen wäre ihm auch nicht gedient. Er muß sich beruhigen, dem nagenden Gewissen die Zähne brechen. Sein verkehrtes Herz ruft seiner Vernunft gebieterisch zu: Schweige und sage mir nichts mehr von dem heiligen, zürnenden Gotte. Strenge lieber alle deine Kräfte an, um mir zu beweisen, daß es außer mir und dir gar keinen Gott gibt. Und die Vernunft geht an die Arbeit, weil der Wille es gebietet und weil die Aufgabe ihr selber schmeichelt. Aber wie fängt man ein so verzweifeltes Unternehmen an? Ich will trachten, es dir klar zu machen [1].

Du hast wohl schon öfter gesehen, wie Kinder auf der Gasse oder öffentlichen Plätzen entweder in Topfscherben oder Bodenlöchern Staub, Erde und Flüssigkeiten aller Art unter einander rührten und daraus Häuser, Thiere, Menschen, allerlei Kochgeschirr und selbst niedliche Brödchen machten; haben sie damit nicht augenscheinlich bewiesen, daß sie Vater und Mutter recht gut entbehren könnten? Dieser Anblick war für gewisse Gelehrte im Dienste ihres Herzens ein wahres Licht vom Himmel. Wie einst der große Archimedes, rannten sie nach Haus und riefen: Ich hab's, ich hab's! Sie nahmen den Weltraum als Topf, der war zum Glück noch ganz und groß genug; sie nahmen den Urstoff aller Dinge, und warfen ihn hinein; sie rührten nun darin rund

---

[1] Ob der Pantheismus als realistischer oder idealistischer, als naturphilosophischer, logischer oder ethischer auftrete, sein innerstes Wesen bleibt immer die Lehre vom All - Eins, wie die Folgerungen auch immer dieselben sind. Darum wird er hier nach dieser Lehre, und zwar in ihrer allgemein faßlichen Form, vorzugsweise behandelt. Wer jedoch eine allseitigere Beleuchtung wünscht, findet sie bei Neueren unter Andern in den vortrefflichen apologetischen, bei Herder in Freiburg erschienenen Werken von Dr. Bosen: Das Christenthum und die Einsprüche seiner Gegner, 2. Aufl., und von Prof. Dr. Hettinger: Apologie des Christenthums, I. 2. Aufl. S. 207 ff. Vgl. I. S. 160 ff.

herum, und kreuz und quer, bis alle Dinge so schön und fertig waren, als ob sie der liebe Herrgott selber gemacht hätte. Da war es be= wiesen, daß man keinen Gott brauche; und wer an ihn noch glaubt, ist ein einfältiger, ungebildeter Mensch. Es ist übrigens interessant, die verschiedenen Verfahrungsweisen dieser Gott= oder Weltmacher zu be= obachten.

In einem Punkte scheinen sie Alle mit einander einverstanden, nämlich von Ewigkeit her existirt ein All=Brei, ewig und doch ver= änderlich, unendlich und doch aus Theilen bestehend, nothwendig und doch dem Wechsel unterworfen, kalt und warm, flüssig und fest, gut und böse, Wahrheit und Irrthum, Leben und Tod, Geist und Materie allzumal, kurz All=Eins. Dieses unaussprechliche, undenkbare Ur=All gerieth in Thätigkeit, um aus dem All=Eins das Verschiedene, Vielfäl= tige, Einzelne, Entgegengesetzte zu werden. Nur weiß man nicht recht wann, noch wie, noch warum.

Die subtilsten dieser Denker sagen, das Geistige im Urbrei sei zu= erst in der ewigen Nacht erwacht, habe sich selbst die Augen gerieben und sei dadurch zum halben Selbstbewußtsein gekommen. Um volles Selbstbewußtsein zu erlangen, habe es sich als das Ich gesetzt und sich das verächtliche Nicht=Ich gegenübergesetzt. Da kam es nun zwischen dem Ich und Nicht=Ich zu einem Differenziren und Identificiren, Affirmiren und Negiren, Objectiviren und Subjectiviren, Poniren'und Supponiren, Reißen, Zupfen und Kneten, bis Alles so geworden ist, wie es jetzt ist: Elstern auf Bäumen und Philosophen auf Kathedern.

Andere behaupten, der Urbrei habe eigentlich nichts Geistiges in sich enthalten, sondern Alles sei reine Materie. Da habe nun das Flüs= sige im Brei, als das Rührigste, alles Uebrige überwältigt, erfaßt, in Wellen und Strudeln herumgejagt, zerarbeitet, in Schichten aufeinander gethürmt, zu Kügelchen gedreht, zu Fasern gesponnen, gewebt, geklebt, gebunden, und endlich auch Leben drein geblasen: so daß Luft und Stein, Erde und Pflanzen, Thiere und Menschen, selbst die Gelehrten, nur Wasserbildungen sind.

Das Wasser hat aber auch entschiedene Feinde, die ihm alle diese Kunstwerke absprechen und sie der Wärme, dem Feuer zuschreiben. Wieder Andere wollen unparteiischer verfahren und geben Jedem die ihm gebührende Ehre. In dem Allbrei, sagen sie, hatte jedes Element, jedes Theilchen seine Abneigung und seine Zuneigung, seine Liebhaberei und seinen Widerwillen. Darum floß Jedes hinweg von seinem wider=

wärtigen Nachbar und suchte sich sein Liebchen. Da gab es ein Durch=
einander, ein Stoßen, ein Rennen, ein Haschen, ein Packen, ein Um=
klammern, ein Wirbeln, ein Tanzen auf und ab und kreuz und quer
und rund herum, bis der ganze unendliche Knäuel aus einander war,
Himmel und Erde, Wasser und Land, Stein und Grashalm, Mensch
und Mücke, und Jedes gerade an dem Orte und das war, wo und
was es seit Menschengedenken immer ist.

Aus diesem Verfahren kannst du dir, lieber Leser, dasjenige wäh=
len, welches dir das wahrscheinlichste dünkt. Ersinnest du aber selber
ein ebenso gescheidtes, so scheue dich nicht, es der Welt mitzutheilen.
Solchen Gelehrten darf Niemand widersprechen.

Es bemerken jedoch Alle, nach jedem diesen Verfahren habe es un=
aussprechlich lange gedauert, bis alle Dinge, wie sie jetzt sind, fertig
geworden seien. Das glaube ich ihnen auch auf's Wort. Die Anzie=
hung und Abstoßung, sammt Verwandtschaft und Feindschaft, Wirken
und Gegenwirken mußten gewiß lange arbeiten, bis sie den eigenschafts=
losen Urstoff zur Pflanze, die Pflanze zum Thiere alle Stufen hinauf
bis zum Uraffen, den Uraffen endlich bis zum Menschen und gar zum
Philosophen hinaufbugsirt hatten! Was doch der arme Gott für eine
Mühe hatte, etwas Rechtes zu werden!

Das Verführerische dieses Systems liegt augenscheinlich in der Ge=
nealogie und Apotheose des Menschen und in seinen practischen Folge=
rungen. Trotz allem modischen Geschrei gegen Adel und gesellschaft=
lichen Rangunterschied wäre doch gerne jeder Lumpensammler von äch=
tem Uradel. Es muß darum für jeden Erdensohn ein unbeschreiblich
erhebendes Gefühl sein, bis zum warmen Urschlamm hinaufsteigen zu
können und von da herab sein Geschlecht abzuleiten, Glied für Glied,
durch Pilzen, Pflanzen, Pflanzenthiere, Austern, Fische, Vögel, und
dann durch Ochsen, Esel oder Affen, bis auf Kuno den Bärtigen, oder
Gebhard mit der Schmarre und von da bis auf sich selbst! Da auf
der höchsten Höhe der Wesen zu stehen als der endlich fertig gewordene
Gott und die unabsehbare Reihe seiner Ahnen in einem Selbstbewußt=
sein zu umarmen! Welch ein Entzücken! Da verstehe ich das Wort:
„Millionen diesen Kuß!"

Wie beseligend sind aber erst die practischen Folgerungen dieser
Lehre! Was gibt's Herrlicheres, als Gott zu sein? Ein Gott hat alle
erdenklichen Rechte. Ein Gott braucht sich bei Niemanden zu verant=
worten: Einem Gott ist alle Macht, jeglicher Besitz, jeglicher Genuß

ſtandesmäßig eigen. Für einen Gott haben die Worte: Obrigkeit, Ge=
ſetz, Pflicht, Leiden, Entbehren gar keinen Sinn.

Du ſiehſt alſo, lieber Leſer, daß Pantheismus, Materialismus und
Atheismus, dieſe Drillingsbrüder, von einem geſchickten Friſeur aufge=
putzt, von einem berühmten Profeſſor in den Hörſaal eingeführt und
leichtfertigen Univerſitätsburſchen vorgeſtellt, ſich noch einige Sympathie
erwerben können. Wir müſſen die argloſe Jugend und die unwiſſenden
Leute, denen halb oder ganz Gelehrte geiſtige Nothzucht anthun, recht
herzlich bemitleiden. Aber den Taſchenſpielern müſſen wir genau auf
die Finger ſchauen und ihre Kniffe aufdecken, damit das Publikum ſie
nicht für mehr halte, als ſie wirklich ſind. Ich will die Kniffe der Pan=
theiſten und Materialiſten ſowohl in Bezug auf den Ausgangspunkt als
auf den Entwicklungsgang ihres Syſtems aufdecken.

Ihr Herren! Ihr ſaget: von Ewigkeit iſt das Weſen aller Dinge,
und aller Dinge Weſen iſt Eins. Wenn dem ſo iſt, dann iſt es mit
allem Denken und Reden, mit aller Wiſſenſchaft aus. Dann gibt es
nur einen Begriff, weil nur einen Denkgegenſtand, der in ſich alle
Verſchiedenheit in unbedingter Einheit auflöst. Dann gibt es auch nur
Ein Wort: All. Dann thut wie euere Lehrer, die indiſchen Fakirs;
verſchließt hermetiſch Augen, Ohren, Naſe, beſonders aber den Mund,
und verſenket euch ganz und für immer in die Sylbe: All.

Ihr denket euch das Urall zuerſt ruhend und dann thätig ſich ent=
wickelnd aus der abſoluten Einheit in die Vielheit der Dinge. Ihr
müſſet es wohl, und wenn ihr auch dem entgehen wolltet, wie Einige
von euch es verſucht haben, ſo gelingt es doch nicht. Denn ihr könnet
keine ewige, nie begonnene Bewegung annehmen; weil in jeder Be=
wegung eine Aufeinanderfolge iſt und darum ein Anfang. Andererſeits
iſt Bewegung, Thätigkeit im Weltall wirklich vorhanden. Ihr müſſet
alſo wohl vorhergehende Ruhe und nachfolgende Bewegung ſetzen. Aber
wenn das für euch eine Nothwendigkeit iſt, iſt es auch ein Bedürfniß
für das ewige All=Eins? Warum behagt ihm ſein Urzuſtand nicht
für immer? Wenn es in ſeiner Ureinheit Alles iſt, was kann es noch
werden? Wenn es in ſeiner Ureinheit alle Individualitäten, alle Ge=
genſätze in Einklang erhält, wie kann es ſich ſelbſt endlos individuali=
ſiren und in zahlloſen Gegenſätzen aus ſich ſelbſt hinausgehen? Wenn
ihr die Bewegung in das Ewige, Urſprüngliche hineintraget und es zum
Bewegten machet, zerſtöret ihr es.

Es iſt unläugbar, daß im Weltall Kraft und Stoff vorhanden

sind, und Büchner meint, mit Kraft und Stoff Alles fertig zu bringen. Auch ich will mit genügendem Stoff und ausreichender Kraft fertig werden. Aber ist in euerm Uralleins Kraft und Stoff eines und dasselbe? Wie kann dann die Kraft den Stoff beherrschen, wie kann der Stoff gegenüber der Kraft als das Leidende sich verhalten? Sind sie Eins in einem dritten Höheren? Wo bleibt dieser Dritte, und wo ist euer Alleins? Ist etwa der Stoff aus der Kraft, oder die Kraft aus dem Stoffe durch Emanation entstanden? Sie sind doch offenbar wesentlich verschieden; das Eine thätig, das Andere leidend. Die Kraft beherrscht den Stoff und kann also nicht von ihm kommen. Kommt der Stoff von der Kraft? Aber die Kraft enthält den Stoff nicht förmlich, seinem Wesen nach, in sich. Die Kraft muß also den Stoff erschaffen, und dann kann sie ihn auch beherrschen, gestalten und um= gestalten. Setzet ihr aber Kraft und Stoff, beide als ewig hin, so habet ihr schon eine ewige Zweiheit, und euer Alleins ist reiner Widerspruch, und diese zwei Urdinge bleiben ewig von einander ver= schieden und getrennt, jedes durch sich und in sich und vom andern vollständig unabhängig, und dieser ewige, unversöhnliche Dualismus bringt in Ewigkeit, ich sage nicht das bestehende Weltall, sondern auch nicht einen Grashalm zu Stande.

Der Ausgangspunkt und der Grundbegriff des Pantheismus ist also voll Widersprüche, ja der Inbegriff aller Widersprüche, weil er alle Begriffe aufhebt. Ebenso unzulässig aber ist der Entwicklungsgang, durch den er aus dem Uralleins die zahllosen, von einander so ver= schiedenen Wesen entstehen läßt.

Zugegeben auch, daß die Materie, d. h. das Unvollkommenste, Leidende, jeglichem Wechsel Unterworfene, ewig und durch sich sei; zu= gegeben auch, neben oder in der Materie sei ewige Kraft: so erklärt er uns doch nicht das Vorhandensein der Dinge, noch ihre stete Entwick= lung aus dem Unvollkommenern zum Vollkommenern.

Seitdem es Menschen auf Erden gibt, stehen die Schranken der verschiedenen Naturreiche unbeweglich da. Noch nie ist ein Krystall zur Pflanze, weder eine Pflanze zum Thiere, noch ein Thier zum Menschen geworden, und kein Mensch hat sich zu einer höheren Wesenheit empor= geschwungen. Im Entwicklungsgange des Pantheismus aber ist Urstoff und Urkraft der Ausgangs= und der Mensch der Zielpunkt. Das Urall hat also auf den verschiedenen Durchgangsstationen Vollkommenheiten empfangen, die es vorher gar nicht besaß; es ist aus einem Leblosen

ein Lebendiges, aus dem Gefühllosen ein Fühlendes, aus dem Unver=
nünftigen und Unfreien ein Vernünftiges und Freiwollendes geworden.
Woher sind ihm diese Vorzüge geworden? Aus ihm selbst oder anders=
woher? Wenn aus ihm, dann besaß es sie schon; wozu dann der
weite Gang, um sie zu holen? Wenn anderswoher, — woher?

Sagen: Gott war einst nur Stoff; später war Gott nur Pflanze;
später war er nur Thier; endlich ist er Mensch: aber immer Gott. —
Heißt das Philosophiren? Wofür haben wir Irrenhäuser? —

Wenn die ersten Thiere aus Pflanzen, die ersten Menschen aus
Thieren, wenn überhaupt das Lebendige aus dem Todten entstanden,
warum geschieht es nicht immer? Wer hat die Ordnung, nach wel=
cher das Urall sich entwickelt, aufheben und dafür eine andere setzen
können?

Die Materialisten wähnen, mit Stoff und Kraft das Weltall voll=
enden zu können. Die Kraft aber, die sie voraussetzen, ist offenbar
eine blind bewegende Kraft, da sie ja keinen Geist haben wollen. Ge=
stehen wir ihnen gratis Beides zu und sehen wir, wie sie operiren.

Selbst die unvollkommenste aller Stoffbildungen, die wir kennen,
die Krystallisation, geschieht nach festen Gesetzen, welche der Geist nam=
hafter Gelehrten erst nach langen Jahrtausenden nicht etwa erfunden,
sondern nur aufgefunden und constatirt hat. Kannte der Urstoff oder
die Urkraft diese Gesetze von Anfang an? Hat er sich selbst denselben
unterworfen oder sind sie ihm auferlegt worden?

Die ungeheuersten Himmelskörper wie die Sonnenstäubchen, die
riesigsten Bäume wie die mikroskopischen Moose, die Ungestalt des Wal=
fisches wie das winzigste Infusionsthierchen sind nach festen Gesetzen ge=
bildet, werden von Gesetzen regiert. Ueberall im Weltall sehen wir
Maß, Zahl und Gewicht eingehalten. Seit Jahrtausenden beschäftigen
sich zahlreiche, sehr begabte Menschen mit der Astronomie, und doch sind
die Gestirne bis auf den heutigen Tag von ihnen nicht einmal gezählt,
viel weniger ist ihrer aller Umfang und Gewicht festgestellt. Dennoch
wissen wir, was jedoch nur nach Jahrtausenden durch die ausgezeich=
netsten Gelehrten entdeckt wurde, daß die ganze Ordnung im zahllosen
Heere der Weltkörper und alle ihre Bewegungen von der wechselseitigen
Anziehung abhängen; daß diese Kraft nach dem directen Verhältnisse der
Massen und nach umgekehrtem Verhältnisse der Quadrate der Distanzen
wirke. Um also gerade die bestehende Ordnung, die sich seit Jahrtausen=
den bewährt, zu erlangen, mußten gerade die gegenwärtigen Verhält=

niſſe in Zahl, Gewicht, Größe und Entfernungen der Weltkörper ein=
gehalten werden. Die Aenderung eines einzigen dieſer Verhältniſſe
würde die Ordnung aufheben und dieſe Maſſen gegen einander zer=
trümmern. Dennoch wird kein Menſch behaupten, daß die gegenwärtige
Vertheilung und Stellung des Weltſtoffes die einzig mögliche ſei: die
Materie an ſich iſt gleichgültig gegen alle Formen und Bewegungen, und
darum empfänglich für unbeſtimmt viele. Wie hat nun die blinde
Urkraft gerade dieſe Verhältniſſe ohne Beimiſchung irgend anderer ge=
troffen? Durch Zufall? Dann falle hin auf deine Kniee und bete den
Zufall an, denn, wie Friedrich II. von Preußen ſagte, der Zufall
iſt der Gott der Narren. — Oder hat etwa dein Geiſt, als der
durch zahlloſe Entwicklungen fertig gewordene Gott, alle jene Verhält=
niſſe berechnet, die Himmelskörper gegen einander abgewogen, ſie gezählt,
jedem ſeinen Platz angewieſen? Haben die Geſtirne dir als ihrem
Herrn entgegen gejubelt und auf deinen Ruf geantwortet: da ſind wir!?
Du armer Menſch, ſchaue dich doch ſelber an!

Merkwürdige Conſequenz! Unſer Jahrhundert errichtet zahlreiche
Monumente, faſt Altäre, den Menſchen, welche ſich durch Wiſſenſchaft
und Kunſt auszeichnen. Was iſt aber Wiſſenſchaft? Kenntniß der Na=
turerſcheinungen und ihrer Geſetze. Was iſt Kunſt? Nachahmung der
Natur. Alſo im Erkennen und Nachahmen der Natur zeigt der menſch=
liche Geiſt ſeine Kraft und Würde. Aber in der Natur ſelbſt zeigt ſich
kein Geiſt; ſie iſt nicht das Werk eines unendlich mächtigen Geiſtes; in
ihr iſt Alles blinder Trieb, blinde Kraft, blinder Zufall!

Der Anblick einer Uhr zwingt uns, auf einen berechnenden Geiſt
zu ſchließen. Gäbe man dir auch in einem Beutel alle Stoffe, in gewoll=
ten Verhältniſſen, zu einer Uhr; hoffteſt du, auch durch endloſes Rüt=
teln und Schütteln derſelben eine Uhr zu Stande zu bringen: ſo daß
das Silber gerade und einzig und allein zur ſo und ſo geſtalteten Schale,
das Meſſing einzig und zu ſo vielen und ſo großen und ſo kleinen Rä=
dern, der Stahl zur Spannfeder und zum Spirale, das Gold zu den
zwei ungleichen Zeigern werde, jeder gerade an ſeinem Platze ſtehe und
das Zifferblatt genau in zwölf gleiche Theile getheilt ſei? — Warum
nicht? Es iſt doch möglich? Ja wohl! Möglich dem berechnenden Geiſte,
aber unmöglich dem blinden Zufall. Die Stellung und Zahl der Buch=
ſtaben, welche gegenwärtig die Ilias des Homer ausmacht, iſt ſehr
möglich, denn ſie exiſtirt. Gehe alſo zu einem Buchdrucker, laß dir
dieſelben Buchſtaben in derſelben Zahl geben, wirf ſie zuſammen und

rüttle sie, bis die Ilias daraus entsteht; so kannst du, möglicher Weise in sehr kurzer Zeit, ohne Genie ein Homer werden.

Willst du lieber die Weltuhr als eine Taschenuhr, lieber den menschlichen Geist selber als irgend ein schönes Werk desselben mit deinem Stoff und Kraft uns darstellen?

Schließen wir: Es ist widersinnig, das Unvollkommenste, nämlich die gestalt= und eigenschaftslose Materie und blinde Kraft, als das Ewige und Ursprüngliche vorauszusetzen. Es ist widersinnig, das Unvollkommene sich selbst und allein überlassen, sich selbst vervollkommnen, die höchste Vollkommenheit sich selbst geben zu lassen. Jeder Versuch, über die Schranken seines Zustandes hinaus zu kommen, es ist ein tödtlicher Sprung. Der ungarische Reiter, der seinen Kameraden erzählte, wie er mit seinem Rosse in einen Morast versunken sei, aber sich und sein Thier gerettet, indem er sich selbst beim Schopfe herausgerissen habe, war kein ärgerer Aufschneider als manche Gelehrte, welche das Lebende aus dem Leblosen, und den Geist aus der Materie ableiten. Ein frappantes Beispiel möge es beweisen.

Oken, der große Oken [1], dem wir vorzugsweise die materialistische Behandlung der Naturgeschichte verdanken, sagt [2]: „Ursprünglich müssen die Thiere, oder wenigstens die thierische Masse entstanden sein o h n e Eier, und zwar nothwendig aus u n o r g a n i s c h e n Substanzen.... Man kann sich diese Entstehungsart nicht anders denken, als daß sich im Meerwasser Schleim gebildet habe durch den Zusammentritt unorganischer Stoffe, nämlich des Kohlen=, Sauer= und Wasserstoffs mit etwas Stickstoff, welche mit Wasser, etwas Kalkerde und Kochsalz den gewöhnlichen Schleim bilden. Es ist nicht abzusehen, warum dieses nicht noch täglich im Meere geschehen könne. Ohne Zweifel geht aber dieser Schleimbildungsproceß nur an der Oberfläche vor, wo das Wasser Sauerstoff und Kohlensäure und auch etwas Stickstoff, also eigentlich die ganze Luft einsaugt, und wo aus ihm zugleich der Wasserstoff durch die Einwirkung des Lichtes entwickelt wird. Auch gehört wohl die Nach= barschaft des Landes dazu, theils weil daselbst das Meerwasser mehr

---

[1] Einer seiner Schüler sagte: Am Tage, wo die Natur ihre höchste Verherr= lichung vollendete, bildete sie Oken und zerschlug das Modell!

[2] Allgemeine Naturgeschichte für alle Stände, 4. Bd., oder Thierreich, 1. Bd. (Stuttgart, bei Karl Hoffmann 1833) S. 313—314. Nach S. 315 entstehen auch die Pflanzen aus dem Urschleim. Ueberall Schleim! Alles verschleimt!

Kalkerde und auch mehr Kohlenstoff erhält, theils auch wärmer ist. Zur Bildung der organischen Urmasse gehört daher, wie man sieht, der Zusammenfluß aller Elemente und aller Kräfte der Natur. Dieser Schleim kann als eine Haut über das ganze Meer betrachtet werden. Wenn man aber die beständige Unruhe desselben in einem jeden Punkte bedenkt, so begreift man leicht, daß diese Haut auch in jedem Punkte zerreißt, und also unendlich viel organische Kügelchen bildet, welche man auch überall findet, und die unter dem Namen Infusorien bekannt sind."

Diese wahrhaft classische Stelle bedarf keiner Glossen. Ich habe sie aber ganz und genau abgeschrieben, damit Jene, welche des großen Ofen weitläufiges Werk nicht besitzen, das in ihr angegebene Recept sich zu Nutzen machen können. Jeder Apothekerjunge kann darnach sein Glück machen, wenn es zur Production der Thiere nur genügt, die chemischen Stoffe der Thiermasse zu kennen.

Diese Stelle Ofens erinnert mich an den Ausspruch eines meiner Reisegefährten auf der Abreise von Kopenhagen nach Korför. Eine Stunde vor der Abreise von Kopenhagen hatte ich eine 13tägige Mission vollendet und war müde und schlummerte in meiner Ecke. Ein schwedischer Reisender, welcher sehr fertig deutsch und französisch sprach und sich später als Techniker auswies, band mit meinem Missionsgefährten an und kramte den plattesten pantheistischen Materialismus aus. Einige derbe Lästerungen gegen Moses und die Bibel verscheuchten meinen Schlummer, und ich machte mit ihm einige Gänge. Er setzte aber der ganzen Unterhaltung ein Ziel, indem er (wir fuhren gerade an einigen Bäumen vorbei) mit Donnerstimme ausrief: „Wer kann behaupten, daß diese Bäume kein Bewußtsein haben und eines Tages nicht vollkommene Menschen werden?" Ich sank von diesem Schlage betäubt in meinen früheren Schlummer zurück und warte heute noch auf menschgewordene Bäume, mit denen ich ein gescheidtes Wort sprechen könnte. Meine Hoffnung wird aber immer schwächer, weil ich sehe, daß die Chemie zwar alle zusammengesetzten Substanzen auflösen und die Proportionen ihrer Mischung angeben, aber nicht einmal eine organische Zelle bilden, auch nicht einen Grashalm, viel weniger auch nur ein Infusionsthierchen zusammensetzen kann. Der Unsinn aus dem Munde sonst vernünftiger und selbst gelehrter Ungläubigen ist sehr geeignet, die Gläubigen in ihrem Glauben zu bestärken. Alle gottlosen Systeme sind der Gegenbeweis für die Wahrheit des Glaubens und besonders der ersten Worte der Bibel: Im Anfange erschuf Gott Himmel und Erde.

Ich begreife zwar die Erschaffung nicht vollständig, d. h. ich weiß nicht, wie die Erschaffung vollbracht wird. Das kommt aber daher, weil die Erschaffung die That einer unendlichen Kraft ist, die ich nicht besitze. Ich kann nur einen vorhandenen Stoff bearbeiten und umwandeln, das Dasein vermag ich ihm nicht zu geben, weil ich selber nur ein verliehenes Sein habe, aber nicht das ganze Sein besitze, nicht der Inbegriff alles Seins bin. Jedoch vermag der menschliche Geist auch Etwas hervorzubringen, das, als solches, vorher nicht da war, z. B. ein Gedicht, ein Urtheil, ein Gemälde, die man darum auch Schöpfungen nennt. Begreife ich darum auch die Erschaffung aller Dinge durch Gottes Allmacht nicht vollständig, weil mein Geist und meine Macht endlich sind, so verstehe ich sie doch genug, um sie von ihrem Gegentheile klar zu unterscheiden, und also Vernunftschlüsse darauf zu bauen.

Nun ist mir klar, daß kein Wesen sich selber das Dasein geben kann: denn es müßte schon sein um zu handeln. Wenn ich also mich selbst und alle mich umgebende Dinge betrachte, so muß ich annehmen, sie seien entweder ewig da, oder sie haben ihr Dasein von einem andern Wesen empfangen, und dieses sei entweder von Ewigkeit her und habe den Grund des Daseins in sich selber, oder es sei wiederum von einem Andern in's Dasein gesetzt worden. Ich kann aber nicht eine endlose Reihe von Wesen annehmen, in der das Folgende immer vom Vorhergehenden abhange, ohne Eines vorauszusetzen, das von Keinem abhängt, sondern selbstständig und Inbegriff und Quell alles Seins sei; sonst hätte ich nur Wirkungen bedingter Ursachen, ohne zureichenden, unbedingten Gesammtgrund. Damit an einer Kette der obere Ring den untern trage, muß der oberste Ring selber fest sein und die ganze Kette tragen.

Es ist mir aber unmöglich, mich selbst für ewig zu halten. Mein ganzes Bewußtsein würde mich Lügen strafen. Die Selbstvergötterung ist die äußerste Grenze des Wahnsinns. Schaue doch diese Götter näher an. Am Tage, wo sie zu Göttern geboren werden, weinen und jammern sie, als wenn ihnen das größte Unglück passirt wäre. Lange Jahre leben sie ungefähr, wie wenn sie noch gar nicht über die Thierstufe heraus wären. Wie viele andere Götter und mit wie vieler Mühe müssen an diesen Götterchen herumputzen und herausbilden! Und wenn der Gott endlich fertig ist, dann geht der Jammer erst recht an. In seinem Innern, wie in einem hohlen Götzenbilde, tummelt sich eine Legion wüsten Gethiers und Ungeziefers herum. Um ihn herum welch' eine

Concurrenz, welch' ein Wettlaufen, Stoßen, Treten, Ringen, Beneiden, Verrathen, Verläumden, Umstürzen, Zerstampfen zwischen ihm und den andern zahllosen Göttern oder ebenbürtigen, gleichberechtigten Parcellen der Gottheit!! Und das Ende all' dieser Herrlichkeit? Ein elendes Fieber stößt den Götzen in die Grube, den Würmern zur Speise. Der erste Pantheist und Selbstvergötterer war der Teufel, dem seine Gottheit bis heute noch schlecht bekommt; darum gönnte er dieselbe Ehre auch unsern Stammeltern und ihrer Nachkommenschaft, der sie auch nicht besser bekommt. Eine angemaßte Ehre ist keine Ehre. Der Pantheismus reducirt den Menschen, wie die Pflanze und das Thier, auf einen gemeinsamen Urgrund zurück, d. h. genau betrachtet thut er dasselbe, was der Materialismus, der im Menschen wie im Thiere nur einen Verdauungsapparat erblickt, dessen ganze Thätigkeit sich auf Stoffwechsel beschränkt. Nur in seinem rechtmäßigen Verhältnisse zu Gott und dadurch auch zur Natur ist der Mensch groß. Will er sich überheben, so sinkt er.

Wahrlich! Ich will doch lieber einfachhin ein Kind des Einen wahren Gottes sein. Als diesen Gott vermag ich aber nicht die mich umgebende Natur zu erkennen; denn sie ist noch geringer als ich, stetem Wechsel unterworfen, in feste Schranken gebannt, unwandelbaren, höchst weisen Gesetzen unterworfen, die mich zwingen, einen Herrn der Natur wie des Menschen anzuerkennen, der aus unendlicher Liebe den Menschen und die Welt in höchster Weisheit, mit unbeschränkter Macht erschaffen hat. Dieser Gott ist durch sich selbst der Inbegriff aller Vollkommenheit, genügt sich selbst vollkommen und ist seine eigene unbegrenzte Seligkeit. Denn, um von vielen innern Gründen nur Einen namhaft zu machen: die Kraft, aus welcher ein durch sich seiendes, mithin nothwendiges, ewiges, d. h. anfangsloses, unendlich dauerndes Sein hervorquillt, muß eine unendliche sein; daher Durchsichsein ebenso viel heißt, als unendliches Sein oder Inbegriff aller Vollkommenheiten. Ist aber Gott unendlich in seinem Sein, so genügt er sich selber, kann durch Nichts außer ihm eine Vollkommenheit empfangen. Er bedarf also anderer Wesen nicht; wenn er sie erschafft, so erschafft er sie aus vollkommen freiem Willen und gibt ihnen jenes Maß der Vollkommenheit, das ihm beliebt, und jene Gesetze, die ihm gefallen. Eine Ursache aber, die mit Freiheit, Berechnung und Weisheit wirkt, ist eine persönliche Ursache. Dieß erkennen wir auch aus dem, daß Gott persönliche, vernunftbegabte Wesen erschaffen hat. „Der das Ohr gemacht hat, soll der nicht hören?" Wer andern Vernunft und Freiheit gibt, soll der

nicht selber auch Vernunft und Freiheit besitzen? Der Schöpfer des Welt=
alls ist also vom Weltall wesenhaft unterschieden, unendlich vollkom=
mener als dasselbe, also namentlich mit einem unendlichen Verstande,
einem unendlich freien Willen ausgerüstet, d. h. ein persönlicher Gott.

Unbegreiflich ist mir der Widersinn des Pantheismus und Ma=
terialismus, aber unbegreiflicher noch das Verhalten von Regierungen
und Völkern, die sich christlich nennen und dieses Attentat gegen Gott
und Menschen nicht nur dulden, sondern mit ihrem schweren Gelde an
Professoren und Schriftstellern bezahlen. Der Blödsinn selbst muß doch
einsehen, daß hier die unterste Grundlage aller gesellschaftlichen Ordnung
zerstört wird. Ist das die rechte Philosophie, dann ist Anarchie die
einzig berechtigte Staatsform, Communismus der einzig berechtigte Be=
sitzstand, und Socialismus die einzig berechtigte Lebensweise zur maß=
losen, unbeschränkbaren Befriedigung unserer doch nie zu sättigenden
Begierden. Dann heißt es: der Cannibalismus hoch!

Du aber, lieber Leser, wirst wohl mit mir dem hl. Vater danken,
daß er diesen grundstürzenden Irrthum nach seinem ganzen Umfange
verurtheilt, so die Grundlage unseres zeitlichen wie ewigen Glückes wahrt
und den richtigen Begriff der Gottheit, von dem alle andern abhängen,
rettet.

Naturalismus und absoluter Rationalismus.

Diese zwei sind Zwillinge und sehr schwer von einander zu unter=
scheiden, und jedenfalls nicht zu trennen, weil der Eine ohne den An=
dern nicht leben kann. Sie sind eigentlich Brüder des Materialismus
und Pantheismus, aber im Vergleiche zu ihnen armselige Schwächlinge,
die sich mit ihnen nur im Hochmuthe messen können. Der Naturalis=
mus erlaubt zwar dem lieben Gott zu existiren und die Welt, d. h. die
Natur zu erschaffen: wenn aber Gott die Weltuhr gemacht, aufgestellt
und aufgezogen hat, dann soll er für immer fort, weit, weit, aus dem
ganzen Weltall hinaus, dort ewig schlafen, die Weltuhr gehen und den
Naturalisten nach Belieben schalten und walten lassen, ohne ihm auch
nur von ferne zuzuschauen. Er ist verurtheilt im 2. Satze:

„Jede Einwirkung Gottes auf die Menschen und auf die Welt
„muß geläugnet werden."

Der Satz selbst aber muß von jedem vernünftigen Menschen geläugnet
werden, weil er nicht nur die ganze übernatürliche Ordnung und somit

das ganze Christenthum als solches, sondern selbst die natürliche Vor=
sehung aufhebt. Der Rationalist (vom lateinischen ratio, Vernunft)
will im Grunde dasselbe, ist aber besonders eifersüchtig auf die unbe=
schränkte Oberherrschaft seiner Vernunft. Diese genügt sich selbst in
Allem, bedarf der Leitung Gottes gar nicht; sie behält sich in Allem die
oberste Entscheidung vor, und wenn Gott in der Welt noch Etwas
thun will, so muß er sich streng an ihre Gesetze halten. Was die Ver=
nunft nicht vollständig begreift, ist darum schon baarer Unsinn, und eine
übernatürliche Offenbarung darf es nicht geben. Er ist gezeichnet und
verurtheilt in den Sätzen 3 und 4, die so lauten:

> „Die menschliche Vernunft, ohne irgendwie auf Gott Rücksicht
> „zu nehmen, ist der einzige Schiedsrichter über Wahr und Falsch,
> „Gut und Bös; ist sich selber Gesetz und reicht mit ihren na=
> „türlichen Kräften aus, das Wohl der Einzelnen und der Völ=
> „ker zu bewirken." Und: „Alle Wahrheiten der Religion fließen
> „aus der der menschlichen Vernunft eigenen Kraft: daher ist
> „die Vernunft die oberste Norm, durch welche der Mensch die
> „Erkenntniß aller Wahrheiten jeglicher Art erlangen kann und
> „soll."

Diese zwei Sätze läugnen nicht nur jede übernatürliche Offenbarung,
sondern auch jede Autorität; sie sind somit die Häresie selbst.

Du siehst wohl, lieber Leser, wie nahe verwandt Rationalismus und
Naturalismus [1] mit dem Materialismus und Pantheismus sind. Der
Eine vergöttert im Grunde die ganze Natur, der Andere wenigstens
seine Vernunft. In ihrem practischen Verhalten werden sie so ziemlich
Atheisten oder wenigstens Heiden sein. Die Heiden stellten auch im
tiefsten Hintergrunde ihrer religiösen Anschauungen ein oberstes Wesen,
einen eigentlichen Gott auf. Aber trotzdem, daß sie ihn erkannten, ver=
ehrten sie ihn doch nicht als Gott, sondern sie übertrugen ihre Ehren=
bezeugungen an seine Geschöpfe, von denen sie unmittelbar Gutes er=
warteten oder Böses befürchteten. So wird auch der Naturalist vielleicht
ein für allemal Gott ein Compliment machen, daß er eine so schöne Welt
zu Stande gebracht; aber er wird nie zu Gott beten, weil er Nichts von
Gott, sondern Alles nur von dem nothwendigen, unwandelbaren Gange

---

[1] Siehe übrigens zu den beiden Begriffen das Werk von P. Schrader: De
triplici ordine, naturali, praeternaturali et supernaturali. Vindobonae 1864,
besonders S. 17 ff.

der Natur erwartet. Der Rationalist aber glaubt lediglich seiner Vernunft, sie ist ihm Alles in Allem, Gott nur so viel für ihn, als er von ihm erfaßt oder erfassen will. Dem Naturalisten wollen wir nur Folgendes sagen: Du kannst Gott nicht aus seiner Welt hinausweisen; denn erstens bist du dazu wohl zu schwach. Wenn er etwa nicht gehen will, was willst du dann beginnen? Zweitens, die Welt braucht noch ihren Schöpfer, auch wenn sie schon fertig gemacht ist. Der Bildhauer stellt die vollendete Statue hin und kann weiter gehen; denn der Stoff ist nicht von ihm, sondern wird erhalten von Dem, der allen Dingen das Dasein gegeben hat. Der von Gott geschaffene Stoff bewahrt die vom Künstler empfangene Form, so lange es eben geht. Wer aber erhält die Welt im Dasein? Etwa sie selber? Sie konnte sich das Dasein im ersten Augenblicke nicht geben; kann sie es im zweiten und in den folgenden? Ihr Dasein ist die Wirkung des allmächtigen Willens Gottes: wenn die Ursache aufhörte zu wirken, würde nicht auch die Wirkung aufhören? Wenn das Licht erlischt, ist doch noch Alles erleuchtet? Wenn aber Gott seiner Welt durch ihre Erhaltung das erste Dasein gleichsam jeden Augenblick wieder gibt, so muß er hiebei eben so gut einen seiner würdigen Zweck vor Augen haben, als bei der ersten Erschaffung. Wie er also einst das Weltall aus unendlicher Liebe, in unendlicher Weisheit gemacht, so erhält, so regiert er die Welt zum Heile der Menschen, zu seiner Verherrlichung, d. h. drittens: Gott gebraucht die Welt zu seinen Zwecken.

Mit dem Rationalismus müssen wir uns aber weitläufiger einlassen: er ist viel hochmüthiger, darum schwerer zu belehren. Den Namen Rationalisten geben sich ungläubige Gelehrte als einen Ehrentitel, um sich von den Gläubigen zu unterscheiden. Darnach sind sie ausschließlich die Vernünftigen, die Gläubigen also die Unvernünftigen. Sie haben das ganze Gebiet der Vernunft so gepachtet, daß den Andern nur die Unvernunft übrig bleibt. Das Wort Vernunft ist immer auf ihren Lippen und stets als vollständiger Gegensatz zum Glauben.

Was ist nun Vernunft? Bisher hat man sie immer Erkenntnißvermögen genannt. Existirt nun wohl die Vernunft als concretes Einzelwesen an und für sich, außer jedem andern Wesen? Man sollte es fast glauben; so hoch wird sie gepriesen, so schreibt man ihr Alles zu, so wird sie angebetet! Aber wo ist diese Göttin? Bisher hat man Vernunft nur in drei Wesen anerkannt, im Menschen, im Engel und in Gott. In Gott als thatsächliche Erkenntniß alles Erkennbaren, als Allwissenheit, im Menschen aber als reines Vermögen, das mit unsäglicher Mühe geweckt und entwickelt werden muß, bis es zur wirklichen Erkenntniß unbestimmt vieler, aber im Verhältniß zu dem, was der Engel, und gar was Gott weiß, unendlich weniger Wahrheiten gelangt. Spricht man von menschlicher Vernunft, so kann man das Wort entweder auf den einzelnen Menschen oder auf das ganze Menschengeschlecht beziehen und in beiden Fällen kann man darunter das rein ursprüngliche Naturvermögen meinen, oder dieses als ein in einem gegebenen Momente entwickeltes, zu einer Summe erlangter Kenntnisse gelangtes Vermögen. Jedenfalls ist die Gesammtvernunft des Menschengeschlechtes nur eine Abstraction, wie die Menschheit, und ein einzelner Mensch besitzt ebenso wenig diese Gesammtvernunft, als er in sich die gesammte Menschheit umfaßt. Durch eine weitere Abstraction nennt man wohl auch menschliche Vernunft die Summe aller Kenntnisse, welche alle Menschen einer Zeit, eines Jahrhunderts besitzen. Welcher einzelne Mensch aber kann sie alle in sich aufnehmen; wer sammelt sie und stellt sie uns dar? — Wenn also ein Mensch mit dem Worte Vernunft so keck um sich wirft, muß man genau zuschauen, ob er nicht arge Sophisterei treibe. Der Hochmuth stellt gerne sich selbst als das All hin. Der Rationalist aber ist ein Menschenkind, wie wir auch. Wie verhält es sich nun mit unserer Vernunft? Sie ist eine sehr veränderliche Größe. Wir empfangen sie mit der menschlichen Natur vom allgütigen Schöpfer als Vermögen, als Anlage. Sie schlummert aber als solche die ersten Jahre unseres Lebens mehr oder weniger lange nach Verschiedenheit der Menschen und der Umstände, so daß wir uns vom vernunftlosen Thier kaum unterscheiden. Endlich fängt das menschliche Wort, das wir aus dem Munde unserer Umgebung hören, so wie der Anblick der uns umgebenden Dinge auf eine geheimnißvolle Art in unserm Innern an zu zünden: wir fühlen nicht bloß mehr, sondern wir fangen an zu unterscheiden, zu erkennen, zu urtheilen. Man belehrt uns zu Hause, in der Schule, in der Kirche. Der Eine verlegt sich auf Erwerb des Materiellen und entwickelt nur in dieser Richtung sein Erkenntnißvermögen, der Andere weiht sein Leben dem Erwerbe des Geistigen; aber unermeßlich ist dieses Gebiet, und wenn er Tüchtiges leisten soll, muß er sich auf einen oder den andern Zweig des Wissens beschränken. Keiner kann Alles.

Wie verschieden ist nun nicht nur bei verschiedenen Menschen, son-

dern in einem und demselben Menschen, die Vernunft auf ihren zahl=
losen Entwicklungsstufen? Wie anders beim Schulknaben als beim Ge=
lehrten! Dennoch muß jeder Mensch, zu jeder Zeit seines Lebens jene
Vernunft, jene Summe der Kenntnisse gebrauchen, die er eben hat.
Ist es aber vernünftig, wenn er auf irgend einer seiner Entwick=
lungsstufen, also in irgend einem Momente seines Lebens, seine Ver=
nunft als die höchste Richterin alles Wahren hinstellt, d. h. Alles, was
er jetzt nicht als wahr erkennt, als unwahr verwirft? Macht etwa sein
Erkennen die Wahrheit? Wie Vieles ist dann unwahr für das Kind,
was für den Mann wahr ist?

Ist es nicht Unsinn oder grobes Mißverständniß, wenn man be=
gründeten Glauben als Gegensatz des vernünftigen Wissens
hinstellt und glaubt desto vernünftiger zu sein, je weniger man glaubt?
Der Mensch ist auch eines reflexen und mittelbaren Wissens und darum
des Glaubens fähig. Wenn du auf das Zeugniß glaubwürdiger Men=
schen hin etwas für wahr hältst, was du selber nicht gesehen hast, so
erkennst du es durch ihre Vernunft, und erlangst so ein mittelbares
Wissen der Wahrheit, während du bei deinem Selbstwissen unmittelbar
dir selber glaubst. Wer also grundsätzlich den vernünftigen, d. h. wohl=
begründeten Glauben verwirft, muß consequent auch alles Wissen ver=
werfen: es sei denn, daß er in bodenlosem Hochmuthe nur seine Ver=
nunft als solche gelten lasse. Der Glaube, zu dem wir von Natur
hinneigten, hat bewirkt, daß wir in der Kindheit das uns Unbekannte
auf das Wort unserer Eltern und Erzieher hin als wahr annahmen,
und so gelangten wir zum Selbstwissen. Die Unmöglichkeit, Alles durch
uns selbst zu erkennen, zwingt uns, unser Leben lang in jeder Sache
den Fachmännern zu glauben: und so ist der vernünftige, menschliche
Glaube Anfang und Vollendung unseres natürlichen, menschlichen Wissens.

Wie steht es nun mit der Erkenntniß des Göttlichen? Wird da
unsere Vernunft vollständig ausreichen? Die Kirche lehrt, daß jeder
Mensch, welcher den vollen Gebrauch seiner Vernunft hat, aus dem Anblicke
der Werke Gottes rechtmäßig auf Gottes Dasein, Weisheit, Macht, Güte
und Gerechtigkeit, und durch weitere Schlüsse auf die Vergeltung des
Guten und Bösen im Jenseits, somit auf die Unsterblichkeit der mensch=
lichen Seele, die Freiheit des menschlichen Willens, schließen könne und
müsse. Sie lehrt also, daß es ein zuverlässiges natürliches Wissen gebe,
nicht nur über die Eigenschaften der Natur und des Menschen, sondern
auch über Gott und seine Eigenschaften, und über die Verhältnisse und

Beziehungen zwischen Gott, Welt und Menschen. Sie lehrt also, daß es eine natürliche Religion gebe, d. h. eine Summe von Wahrheiten und Pflichten, deren Anerkennung und Erfüllung den menschlichen Verstand und Willen dem göttlichen gleichförmig machen und somit den Menschen mit Gott verbinden [1]. Diese Wahrheiten und Pflichten leitet aber die menschliche Vernunft ab aus der Natur Gottes und des Menschen. Da nun die Vernunft das Vermögen ist, den Grund der Dinge zu kennen, und so die Dinge zu erkennen; Gott aber der Urgrund aller Dinge ist, so ist Religion dem Menschen so eigen wie Vernunft. Darum haben schon heidnische Weisen den Menschen bald als ein religiöses bald als ein vernünftiges Thier definirt, und Irreligiosität ist somit Unvernunft.

Es entsteht aber die Frage, ob die Vernunft, sich selbst überlassen, vollkommen genüge, um die Religion, d. h. die religiösen Wahrheiten und Pflichten, festzustellen? Die Rationalisten bejahen sie, die Christen verneinen sie. Die Rationalisten sagen: Gott ist uns aus seinen Werken hinlänglich bekannt, ebenso der Mensch; die Vernunft vermag also ihre Wechselbeziehungen zu bestimmen. Die Christen aber antworten: Allerdings vermag die Vernunft, wie oben gesagt, manche Wahrheiten über Gott und den Menschen, und manche daraus sich ergebende Pflichten zu erkennen: aber daraus folgt nicht, daß sie alle religiösen Wahrheiten und Pflichten zu erkennen vermöge. Wir wollen hier nicht untersuchen, was die reine Vernunft [2] an sich absolut vermöchte; es handelt sich hier nur um das thatsächliche, aus Erfahrung und Geschichte zu erprobende Können, und zwar in der Dauer und unter den andern thatsächlichen Bedingungen des jetzigen Lebens. Und hier müssen wir den Rationalisten entgegen halten: Vermag auch die Vernunft, um zunächst die natürliche Ordnung im Auge zu behalten, unbestimmt viele Wahrheiten über Gott und den Menschen, und manche sich daraus er-

---

[1] Das Wort „Religion" wird von Lactanz abgeleitet aus dem Wort religare wiederverbinden. Durch die Schöpfung ist der Mensch mit Gott verbunden, wie das Werk mit dem Künstler; durch die Anerkennung dieses Verhältnisses und Erfüllung der sich daraus ergebenden Pflichten verbindet sich der Mensch freiwillig wieder mit Gott, und bezieht sich und das Seinige, als auf das letzte Ziel, auf Gott den Urquell, zurück.

[2] Die Rationalisten lassen das thörichte Herz, das der Vernunft so manchen Streich spielt, immer aus dem Spiele, und das Leben der Menschheit sehen sie nur, wie es sich in ihrem Studirzimmer abwickelt.

gebenben Pflichten zu erkennen, so folgt doch nicht, daß sie, zur genügend leichten und sichern Erreichung der Bestimmung des Menschen für das Jenseits und das Diesseits, alle nöthigen Wahrheiten und Pflichten und zwar mit erforderlicher Bestimmtheit, Klarheit und Schnelligkeit zu erkennen vermöge. Und zwar aus folgenden Gründen:

Das große Buch der Natur enthält freilich eine herrliche Offen= barung Gottes, aber es ist nicht in bestimmten Worten der menschlichen Sprache geschrieben, sondern in Zeichen und Sinnbildern. Es ist darum vielfachen widersprechenden Auslegungen und Deutungen ausgesetzt. Es ist immer vor den Augen aller Menschen und Völker aufgeschlagen, es bleibt sich selbst immer gleich: und doch wie viele widersprechende Aus= legungen hat es nicht schon erfahren? Die Einen haben darin nur Einen Gott, Schöpfer aller Dinge, gelesen, Andere haben zahllose, schauderhafte Gottheiten, wieder Andere haben darin keinen Gott ge= funden. — Eine bestimmte, authentische Auslegung muß also als sehr wünschenswerth erscheinen.

In der That, wie stellt sich die Geschichte der Menschheit in Be= zug auf die Religion dar? Welch' eine Zerrissenheit, welche Widersprüche, welche Scheußlichkeiten! Und das zwar bei den in Kunst und Wissen= schaft ausgezeichnetsten Völkern! Und nicht bloß beim Volke, sondern auch bei seinen Führern! Welche Thorheit, fragte Cicero, ist so groß, daß sie nicht von irgend einem Philosophen vorgebracht worden wäre? Eine ist die Wahrheit, eines ist das Sittengesetz, eines ist das Recht; aber wo finden wir sie einig anerkannt? Die Einheit Gottes, die uns so ver= nünftig scheint, wo wurde sie festgehalten? Nur da, wo die Autorität der göttlichen übernatürlichen Offenbarung bestand. Die Völker, welche sich dieser bis auf den heutigen Tag entzogen haben, sind jetzt noch Götzenanbeter, die Vernunft hat bei ihnen keinen Fortschritt. Wer unter uns Christen den Glauben verwirft, vergöttert wiederum die ganze Na= tur, kniet vor den Fetischen seines verderbten Herzens und löst mit dem Begriffe des Einen Gottes die menschliche Gesellschaft in elende, selbstsüchtige Atome auf.

Die Religion aber ist ihrem wesentlichen Begriffe nach das Band, welches den Menschen mit Gott verbindet; d. h. die Religion muß die Menschen unter sich und mit Gott, als Mittelpunkt, verbinden. Dazu muß dieses Band Gott und alle Menschen umfassen. Nun aber ist Gott die unwandelbare Wahrheit, die unwandelbare Heiligkeit. Mit Ihm bist du deinem Verstande nach vereinigt, wenn du so denkst, wie

Er, dem Willen nach, wenn du das liebst und hassest, was Er liebt, was Er von sich stößt. Der unfehlbare, unwandelbare Gott ist aber immer nur in der Wahrheit; der unendlich heilige Gott liebt nur, das wahrhaft an sich gut und heilig ist. Dein Verstand aber und Wille sind dem Irrthum und der Täuschung unterworfen. Unverschuldeter Irrthum, unüberwindliche Unwissenheit macht dich zwar nicht positiv strafbar, weil positive Strafe nur auf positive Schuld fällt; aber Irrthum und Unwissenheit, auch wenn unverschuldet, sind immer ein Unglück, ein Uebel. Der Irrthum kann dir nie dieselben Dienste leisten wie die Wahrheit, die Unwissenheit nie das Wissen ersetzen. Wenn du dabei auch noch so redlich zu Werke gehst, aber dein Verstand hält am Irrthum, dein Wille an nur scheinbar Gutem: so trifft dein Verstand und Wille nicht mit dem göttlichen Verstand und Willen überein; so bist du nicht mit Gott verbunden, du bist nicht in der Ordnung. Und doch hängt all' dein wahres, besonders aber dein ewiges, Glück ganz und gar von dieser Ordnung, von dieser Verbindung, von dieser Uebereinstimmung mit Gott ab. Daraus ergibt sich wohl handgreiflich klar, daß bloße Meinungen und Wahrscheinlichkeiten, mit noch so redlichem Willen, in der Religion nicht ausreichen können. Da die Religion unser ewiges Wohl vermitteln soll, so müssen wir in der Religion mit vollster Sicherheit gerade das treffen, was vor Gott wahr und gut ist. Wer aber anders als Gott kann uns das sagen? — Das Band der Religion muß ferner alle Menschen umschlingen, um sie, die Alle dieselbe Menschennatur, dieselben Beziehungen zu Gott haben, unter sich und mit Gott zu verbinden. Darf nun die Aufstellung aller religiösen Wahrheiten und Pflichten der Vernunft jedes einzelnen Menschen überlassen werden? Hat jeder Mensch den nöthigen Verstand dazu? — Haben alle Menschen Zeit und Neigung, wie die verhältnißmäßig wenigen Gelehrten unter uns, ihr ganzes Leben der Erforschung der Wahrheit und des Rechts zu widmen? — Wann wird wohl Jeder mit seiner Forschung zu Ende, wann seine Religion fertig sein? Frage einmal einen wahrhaft gelehrten Greis, ob er fertig geworden? Und doch bedarf der Mensch schon in der Kindheit, in der Jugend einer fertigen Religion, die mit Ehrfurcht gebietendem Ansehen als Erzieherin und Zuchtmeisterin vor ihm stehe. Kann eine selbstgemachte Religion das sein? — Wie die Entwicklung des Menschen eine successive und oft sehr inconsequente ist, wie viele Religionsformen wird wohl jeder einzelne Mensch in seinem Leben durchmachen? — Besteht denn der Mensch etwa nur aus reiner Vernunft? Hat er nicht auch Leidenschaften, verkehrte Triebe? Werden diese auf seine Anschauungen keinen Einfluß üben? — Und wenn er auch die Wahrheit und Pflicht rein und klar erkennt: besitzt er in sich alle Kraft, um stets nach seiner Erkenntniß zu handeln? Aber gesetzt auch, Jeder bewältige für sich die gestellte Aufgabe nach seinen Kräften mit redlichstem Sinn. Jeder wird eben nur seine Re= ligion haben, wie Jeder nur seinen Verstand und sein Herz hat. Also: so viele Köpfe, so viel Sinne. Wir haben noch keine Gesellschaft, keine Gottesfamilie. Die Menschheit ist in lauter, stets wandelbare In= dividuen zerbröckelt. Entspricht das der göttlichen Idee, dem göttlichen Willen? — Sollen wir, um etwas Gemeinsames, um das Band der Menschheit aufzufinden uns etwa an die Gesammtvernunft der Mensch= heit wenden? Wo ist die zu erfragen? Soll eine Tagsatzung allen Men= schen die Religion aufstellen und für immer feststellen? Ist da Stimmen= einheit oder Stimmenmehrheit entscheidend? Hoffst du auf Stimmeneinheit? Hat die Mehrheit unfehlbar Recht? Ist Gott ihr unterworfen, daß Er Sich umschlingen lasse von dem geschaffenen Bande? — Sollen sich etwa alle Menschen in religiösen Dingen einem Gelehrtenausschusse unter= werfen? Wer gehört in diesen Ausschuß? Wie viele dieser Gelehrten stimmen mit einander, ja mit sich selber, überein? Sind sie unfehlbar? Wenn nicht, was hilft? Auf wie lange soll ihr Entscheid gelten?

Ohne unfehlbare, d. h. göttliche Autorität gibt es für den Men= schen, wie er nun einmal ist, keine verpflichtende und über das ewige Jenseits beruhigende, mithin keine einen vernünftigen Menschen zufrieden= stellende Religion; keine Religion, welcher der Mensch sich wahrhaft mit Kopf und Herz, mit Leib und Seele, mit Gut und Blut hingeben kann; keine Religion, die wahrhaft den Menschen begeistern und zu Helden= thaten befähigen kann; keine Religion, welche alle Menschen hienieden und im Jenseits als gleichberechtigte und gleichverpflichtete Kinder des einen himmlischen Vaters zu einer Gottesfamilie vereinigen könnte. So lange also die eine Autorität Gottes, die eine Offenbarung Gottes nicht von Allen anerkannt wird, bleiben die Menschen unter sich und von Gott getrennt, sich wechselseitig in den allerwichtigsten Dingen widersprechend, einander mit dem Fanatismus des persönlichen Eigendünkels hassend und verfolgend. Darum sind die Rationalisten, welche in religiösen Dingen die Autorität Gottes und seine Offenbarung läugnen, Feinde der Mensch= heit. Die Christen aber glauben, daß Gott von Anfang, wie Er als Schöpfer am Menschengeschlechte Vater= und Mutterstelle vertreten, so auch der Erzieher der Menschen gewesen und sie vor Allem belehrt habe, wer ihr Schöpfer sei, wozu er sie erschaffen, was sie zu thun und zu meiden haben, um seinen Absichten zu entsprechen, d. h. die Religion geoffenbaret habe.

Was läßt sich wohl gegen diese Annahme einwenden? Wirst du etwa ihre Möglichkeit in Abrede stellen? Gott bleibt ewig größer als seine Schöpfung. Seine Werke können uns seine Wesenheit, sein inneres, göttliches Leben nie wiedergeben. So schön also auch das Weltall ist, so hat Gott sich darin nicht erschöpft; es erübrigt ihm noch unendlich Vieles, das Er uns offenbaren kann. Er bleibt immer frei und mag uns auf eine andere Art, mittelbar oder unmittelbar, Wahrheiten offenbaren, Pflichten auferlegen, die sich aus dem Werke der Schöpfung entweder gar nicht, oder doch nicht mit voller Bestimmtheit ableiten lassen. — Wenn aber Gott sich durch die Erschaffung des Weltalls und der Menschen offenbaren konnte, warum nicht auch durch unmittelbaren Unterricht und Erleuchtung? Wer dir das Vermögen gegeben, deine Gedanken und Gesinnungen Andern mitzutheilen, kann Er es selber nicht? Wer den Verkehr der Geister unter sich ermöglicht hat, kann der nicht unmittelbar mit dem Geiste des Menschen verkehren? Oder ist etwa ein solcher Verkehr Gottes mit dem Menschen unnütz? Wie kann dir aber der geistige Verkehr mit andern Menschen nützen? Wenn wir der Lehrer und Erzieher bedürfen, warum nicht die ersten Menschen des Verkehrs mit Gott oder seinen Engeln?

Aus dem Gesagten leuchtet die Falschheit des 5. und 6. Satzes sattsam hervor.

„Die göttliche Offenbarung ist unvollkommen, und deßhalb „einem ununterbrochenen und unbegrenzten Fortschritte, welcher dem „Fortschreiten der menschlichen Vernunft entspricht, unterworfen." Und: „Der christliche Glaube widerspricht der menschlichen Ver- „nunft; und die göttliche Offenbarung ist der Vervollkommnung „des Menschen nicht allein nicht förderlich, sondern auch schädlich."

Die Falschheit des fünften; denn was sagt dieser eigentlich anders, als: die Offenbarung ist ein menschliches, nicht göttliches Werk, d. h. ist nicht Offenbarung, nicht jene Offenbarung, welche wir als unserer fehlbaren Vernunft nothwendig erkannt haben, welche im Christenthume als göttliche Thatsache vor uns steht? Diese fünfte These stammt denn auch in der That von den Feinden der Offenbarung, welche, wie der hl. Vater in seinem Rundschreiben vom 9. November 1864 erklärt,

„den menſchlichen Fortſchritt . . . . . mit wahrhaft gottesräuberiſcher Ver=
wegenheit in die katholiſche Religion einführen, als wäre dieſe Religion
nicht Gottes, ſondern der Menſchen Werk, oder irgend eine philoſophiſche
Erfindung, die man auf menſchliche Art vervollkommnen kann.‟ Nicht
verkappt, ſondern offen und ehrlich ſprechen dieſe Feinde der göttlichen
Offenbarung in der 6. Theſe. Die Offenbarung iſt unzuläſſig, warum?

Die Offenbarung Gottes einmal angenommen, ſagen die Rationa=
liſten, geht die Freiheit der wiſſenſchaftlichen Forſchung verloren! Wie
ſo? Weil ſie unwandelbar iſt und man ihr nicht widerſprechen darf;
und doch iſt freie Forſchung und ſteter Fortſchritt das unveräußerliche
Recht der Vernunft, und in dieſem Fortſchritte beſteht gerade die Ver=
vollkommnung des Menſchen.

Allerdings, mein hochgelehrter Herr! wenn Gott geſprochen hat,
geziemt es mir, und, wenn ich ſo frei ſein darf, auch Ihnen, den Aus=
ſpruch Gottes als wahr in Ehrfurcht hinzunehmen; Gott Einwürfe zu
machen, mit Gott diſputiren zu wollen, wäre gleichſam eine Vermeſſen=
heit und dürfte nur zu einer Niederlage führen. Die Wahrheit iſt eben
ſehr eigenſinnig. Ich erlaube mir aber ehrfurchtsvollſt zu bemerken, daß
die Vernunft doch kein eigentliches Recht hat, der erkannten Wahrheit
zu widerſprechen. Im gegebenen Falle aber erkennt ſie im Ausſpruche
des allwiſſenden und wahrhaftigen Gottes eine unläugbare Wahrheit;
Widerſprechen wäre alſo nicht wohl vernünftig. Der Fortſchritt in der
Wiſſenſchaft kann auch vielleicht beſtehen neben der unwandelbaren Wahr=
heit: es ſei denn, daß der Fortſchritt im Läugnen der erkannten Wahr=
heiten beſtehen müßte. Sie erlauben mir einen einfältigen Vergleich.
Vor meiner, vielleicht auch vor Ihrer Geburt ſtand ſchon das Einmal=
Eins ganz fertig da, ein eigenſinniges Ding, das in alle Ewigkeit
unabänderlich immer daſſelbe ſagt. Wenn ich aus Liebe zur Abwechs=
lung oder zum Fortſchritte verſuchen wollte, aus zweimalzwei drei oder
fünf zu machen, ſo hat’s immer und immer geſagt: vier! Was konnte
ich thun, als mich ihm fügen? Ich muß aber geſtehen, daß es mich nie
gehindert hat, richtig zu rechnen, und immer weiter und weiter zu rech=
nen. — Ich denke nun, wenn der liebe Gott uns Wahrheiten als Wahr=
heiten bezeugt, ſo bewahre er uns nur vor Irrthum, und anſtatt das
Gebiet des Wiſſens einzuengen, erweitere Er es. Das beſchränkt weder
die Freiheit noch den Fortſchritt. Auf den hohen Alpenpäſſen ſtellt man
längs dem Wege hohe Stangen auf, um bei großem Schneefall oder dichtem
Nebel oder Schneegeſtöber den Wanderer zu leiten. Ich habe noch nie

gehört, daß ein Wanderer sich über Beschränkung seiner Freiheit oder Verhinderung seines Fortschritts beklagt habe.

Wir bringen bekanntlich keine Kenntnisse mit auf die Welt. Um aber etwas unternehmen zu können, ist es sehr wünschenswerth, ein gewisses Kapital in Händen zu haben. Darauf kann man weiter operiren und ein reicher Mann werden. Der Fortschritt im Reichthum besteht in stetem Gewinn; soll der Fortschritt im Wissen etwa darin bestehen, daß man am folgenden Tage immer das läugne, was man am vorhergehenden bejaht hat? Die göttliche Offenbarung verpflichtet uns nur zum un= verbrüchlichen Festhalten an den gegebenen Wahrheiten, hindert uns aber gar nicht, durch eigene Forschung andere Wahrheiten zu entdecken. Sollten wir aber in dieser Forschung zu einem Ergebnisse gelangen, das den geoffenbarten Wahrheiten widerspräche, so bewiese das nicht, daß Gott, wohl aber, daß wir uns geirrt haben: weil keine Wahrheit der andern entgegengesetzt sein kann. Bemerkt muß ferner werden, daß die göttliche Offenbarung vorzugsweise religiöse Wahrheiten und Pflich= ten zum Gegenstande hat. Sie kann also die Freiheit und den Fort= schritt auf dem weiten Gebiete des rein profanen Wissens nicht beengen. Eine unläugbare Thatsache bestätigt das Gesagte. Das Christenthum stellt sich als göttliche Offenbarung unwandelbar und Glauben gebietend vor die Menschen hin. Die Völker, die es angenommen, sind vielfach aus der rohesten Barbarei auf den höchsten Punkt der Cultur gestiegen; die Völker, die das Christenthum entweder nie anerkannt oder verlassen haben, sind geblieben, was sie waren, oder noch viel tiefer gefallen. Blicke man auf Asien und Afrika! — Es ist schwarzer Undank oder große Unwissenheit, wenn man die göttliche Offenbarung als Feindin irgend einer Wahrheit, irgend eines wirklichen Gutes hinstellt. Sie schließt nur Irrthum und Laster aus. Gehe man in der materiellen wie in der geistigen Entwicklung den rasendsten Schritt, so lange man sich auf der Bahn des Wahren und Guten hält, gebietet die göttliche Offenbarung keinen Halt. Man kann am ganzen Credo der katholischen Kirche, an ihren Gesetzen, wie an den zehn Geboten Gottes festhalten, und doch per Eisenbahn fahren, sich des Telegraphen bedienen und mit Dampfmaschinen pflügen und säen. Ich habe schon oft, ohne Scheu vor irgend einem daraus entstehenden Unglücke, in einem Eisenbahn= wagen mein ganzes römisches Brevier gebetet, und der Zug ging dar= um nicht langsamer, geschweige denn, daß er still gestanden hätte. — Wie sollte auch die göttliche Offenbarung irgend einem berechtigten wahren Fortschritte entgegenstehen? Sie eröffnet ja vor unsern Augen die Bahn eines unendlichen Fortschrittes. In unendlicher Ferne stellt sie uns Gott selbst als das Ziel unseres Weltlaufes auf. Sie ruft uns zu: Gottähnlichkeit ist euere Aufgabe, und Gottesbesitz euer Lohn! — Setzt sie enge Grenzen unserer Erkenntniß, unserer Vervollkommnung, unserer Unterwerfung und Beherrschung der Natur und ihrer Kräfte? Sie gibt uns Wahrheit. Die Wahrheit ist freilich unwandelbar; ist sie aber darum todt? Sie ist im Gegentheile reines Leben. Es gibt darum in der geoffenbarten Religion und, richtiger gesagt, nur in ihr einen steten naturwüchsigen Fortschritt. Der Irrthum ist stets wandelbar, darum treibt er sich nur im Kreise herum. Die Wahrheit ist darum ewig, weil sie unerschöpflich ist. Dein Geist kann sich immer tiefer in sie versenken, er findet immer neue Ausbeute. Die katholische Kirche hält heute noch fest am apostolischen Glaubensbekenntnisse und an der ganzen Bibel und mündlichen Ueberlieferung, wie sie dieselben von Anfang hatte. Glaubst du nun, daß im Gesammtbewußtsein der Kirche heutzutage kein umfassenderes, tieferes, klareres religiöse Wissen vorhanden sei, als im ersten Jahrhundert? Du würdest sehr irren. Sie beansprucht freilich keine eigentlichen neuen Offenbarungen, aber ihr achtzehnhundertjähriges Leben war nicht der Fortbestand einer Mumie. Der in ihr wohnende hl. Geist hat sie, nach der Verheißung Christi, in viele Wahrheiten eingeführt, die sie zwar immer geglaubt, aber nicht immer so tief, so allseitig aufgefaßt, nicht zu so klarem Bewußtsein gebracht hatte. Die Offenbarung ist Unterricht und Erziehung der Menschheit durch Gott; ist also in sich wahrer Fortschritt. Ein weise berechneter Unterricht fängt mit dem Nothwendigsten und Leichtern an und steigt von Stufe zu Stufe zur unbedingten Vollendung hinan. Und so besagen auch die Urkunden der göttlichen Offenbarung, die hl. Schrift, daß Gott die Bildung des Menschengeschlechtes in der Person unserer Stammeltern und der Patriarchen begonnen, durch Moses und die Propheten fortgesetzt und durch Christus, seinen Mensch gewordenen Sohn, vollendet habe, in sofern sie in der Zeit möglich ist; denn ihren vollkommenen Abschluß kann sie nur im Himmel, in der Anschauung Gottes selbst, erhalten.

Und nun, mein lieber Leser, muß ich dir von Leuten sprechen, von denen ich lieber ganz schwiege. Aber ich kann nicht stillschweigend an ihnen vorübergehen, weil der letzte Satz unseres ersten Paragraphen ihre Lehren enthält.

Dieser 7. Satz lautet so:

„Die in der hl. Schrift vorgetragenen und berichteten Weis=
„sagungen und Wunder sind Erfindungen von Dichtern und
„die Geheimnisse des christlichen Glaubens ein Inbegriff von
„philosophischen Forschungen; in den Büchern beider Testa=
„mente finden sich mythische Erfindungen, und Jesus Christus
„selber ist eine Mythe.“

Dieser ganze Satz fällt, wenn die geschichtliche Autorität der hl. Schrift
dargethan wird.

Ich habe soeben von den Urkunden der göttlichen Offenbarung ge=
sprochen. Ihre Sammlung nennen wir die heilige Schrift oder
auch kurzweg die Bibel, d. h. das Buch. Es umfaßt in zwei Haupt-
abtheilungen, Altes und Neues Testament, 72 Schriften sehr ver=
schiedener Ausdehnung, die von ungefähr 40 Verfassern herrühren. Der
älteste unter ihnen ist Moses, der jüngste Johannes, der Evangelist.
Die meisten dieser Verfasser haben einander auf Erden nie gesehen,
denn sie lebten vielfach mehrere Jahrhunderte aus einander; so ver=
flossen zwischen Moses und Johannes mehr als tausend und fünfhundert
Jahre. Dennoch nennen die gebildetsten Völker der Welt diese Schrif=
tensammlung einfachhin das Buch, wegen der Einheit, die unter
ihnen herrscht. Es kommt auch in der That nur eine Religion aus
ihnen allen heraus: wenn der menschliche Geist nichts in dieselben hin=
einträgt. Diese Einheit der Bibel ist menschlicher Weise nicht zu er=
klären. Oder nimm du nur ein Dutzend Gelehrte und sage ihnen:
Meine Herren! Berathen Sie sich mit aller Muße; vertheilen Sie dann
die Arbeit nach Ermessen unter sich, und schreiben Sie mir eine Philo=
sophie oder eine Religionslehre. — Meinst du, es werde das Ganze
wie aus einem Gusse dastehen? Die Einheit der Bibel erklärt man
genügend nur, wenn man annimmt, daß ein Geist, der sich zur Zeit
Mosis, wie zur Zeit Johannis und Davids und Isaias' und aller an=
dern heiligen Schriftsteller, stets gleich blieb, stets dasselbe dachte und
wollte, ihnen gleichsam habe in die Feder dictirt und sie nur als Schrei=
ber gebraucht. Dieser Geist aber ist nur der unwandelbare, ewige Gott.

Die hl. Schrift wird aber auch noch aus einem andern Grund
schlechthin das Buch, d. h. das Buch der Bücher, genannt; nämlich
wegen des Inhalts. Die gelehrtesten und frömmsten Männer aller Jahr=
hunderte haben die Fülle und den Reichthum dieses Buches bewundert.
Es gibt nur wenige ausgezeichnete Werke, die sich durch Jahrtausende

zu erhalten vermögen und bei allen gebildeten Völkern ehrfurchtsvolle Aufnahme finden. Es gibt nur wenige Bücher, die man mehrere Male liest, weil die Ausbeute die Mühe nicht lohnt. Die Bibel aber ist auf der ganzen Erde seit vielen, vielen Jahrhunderten die vorzüglichste Seelennahrung der erhabensten Geister, der gelehrtesten, edelsten Menschen. Zu wie vielen andern Büchern hat nicht die Bibel den Stoff geliefert? Wie viele Theologen, Philosophen, Sittenlehrer und selbst Politiker sind ihr nicht zu höchstem Danke verpflichtet? Wie viele Redner, Dichter und Künstler aller Art verdanken ihr nicht ihre schönsten Inspirationen? Wie viele Heilige und Tugendhelden sind eigentlich von ihr groß ge= zogen worden? Welchem Buche verdankt überhaupt die ganze Mensch= heit so viel als der Bibel? [1] — Und ist jetzt etwa ihr Reichthum er= schöpft, vollständig ausgebeutet? Wahrlich! man sollte meinen, aus diesem Ocean habe noch kein Mensch auch nur einen Tropfen geschöpft. Die Sonne hat schon Jahrtausende den Weltraum mit ihrem Lichte er= füllt und sie leuchtet heute noch wie am ersten Tage. So die geistige Sonne der Welt, Gottes Wort. Denn wahrlich, nur Gott kann in menschlicher Sprache Unendliches sagen! Und wie ist in dieser Sprache die höchste Einfalt mit der mächtigsten Kraft und der erhabensten Würde gepaart! Wenn uns menschlichen Schreibern ein Gedanke unter die Feder läuft, der uns erhaben, tiefsinnig scheint, so halten wir unwill= kürlich inne und besinnen uns, wie wir ihm ein würdiges Kleid an= passen können: die Verfasser der heiligen Schriften sprechen von den erhabensten, tiefsinnigsten, überraschendsten Dingen mit einer Einfachheit, Unbefangenheit, Anspruchslosigkeit, wie Einer, der einem Dictirenden nachschreibt, und das Bewußtsein hat, daß ihm die Gedanken nicht an= gehören. Jeder der hl. Schriftsteller hat seine persönlichen Eigenheiten,

---

[1] Man lese hierüber das unverdächtige Urtheil Göthe's in seiner Farben= lehre; nach der Ausgabe vom Jahre 1851 in 30 Bänden 8. Bd. 29. S. 48 ff. — Schiller seinerseits sagt gleich im Anfange seines Romans: Sendung Mo= ses: „In einem gewissen Sinne ist es unwiderleglich wahr, daß wir der mosaischen Religion einen großen Theil der Aufklärung danken, deren wir uns heutigen Tags erfreuen." — Die eigentliche Sendung empfing Moses, nach Schiller, von seinem rastlosen Ehrgeize und seinem Hasse gegen die Aegypter; aber er wußte sich eine göttliche Sendung beizulegen. Von dieser heißt es nun: „Wollte Moses seine Sendung rechtfertigen, so mußte er sie durch Wunderthaten unterstützen. Daß er diese Thaten wirklich verrichtet habe, ist wohl kein Zweifel. Wie er sie verrichtet habe und wie man sie überhaupt zu verstehen habe, überläßt man dem Nachdenken eines Jeden." — Der Pfiffikus!

aber in der Sache sind sie sich einander gleich. Ueberall ist Gott un=
endlich hoch gestellt, und doch überall so lieb und gut und menschen=
freundlich, daß wir uns eine göttliche Offenbarung an die Menschen
nicht Gottes würdiger, noch den Menschen angemessener denken können.

Dieses Buch interessirt die ganze Menschheit, weil es sich als Got=
teswort vor sie hinstellt, weil es sich als Führer in's ewige Leben aus=
gibt, weil es erzählend oder vorhersagend die Geschichte der Menschheit
im großen Ganzen vom ersten bis zum letzten Tage des Menschenlebens
auf Erden enthält. Seine Aufgabe ist zwar nur, die von Gott in Wort
und That geoffenbarte Glaubens= und Sittenlehre darzustellen, aber es
berührt in seiner Menschengeschichte mehr oder minder alle Gebiete des
profanen Wissens. Weil nun seine religiösen Lehren allen bösen Ge=
lüsten des menschlichen Herzens einen offenen Krieg erklären, so hat
dieses Buch stets eine offene oder geheime Opposition gefunden, die dar=
auf ausging, ihm jegliche Autorität zu benehmen. Unter dem Namen
wissenschaftlicher Kritik führen Geisteshochmuth und Herzensschlechtigkeit
alle Wissenschaften gegen die Bibel auf, um sie wenigstens eines Irr=
thums zu überführen: denn ein einziger, wahrhaft erwiesener Irrthum
würde vollkommen ausreichen, ihr ihr göttliches Ansehen für immer zu
benehmen. Ist dieß endlich, nach so zahllosen Anstrengungen so viele
Jahrhunderte hindurch, gelungen? Nein! — Der Beweis liegt in
der Thatsache, daß man immer von vorne anfängt, daß die Belagerung
des Platzes immer fortdauert. Hätte man eine einzige Bresche geschos=
sen, so wäre man in der Festung. Die Bibel aber behauptet sich noch
wie vor tausend achthundert Jahren. Wie erklärst du dir diese einzig
dastehende Thatsache?

Zur Ehre der Wissenschaft muß ich jedoch sagen, daß ihre Helden sich
an diesem Kampfe nie anders betheiligt haben, als zur Vertheidigung der
hl. Schrift.

Die Geschichtsforscher, wesentlich unterschieden von den Geschichts=
machern, haben alle tiefe Ehrfurcht vor der Bibel, als der einzigen
Quelle für die Geschichte der drei ersten Jahrtausende, und dem zuver=
lässigsten Führer für die folgenden Zeiten.

Die Philosophen, welche nicht die Anmaßung haben, Gott und
Menschen selbst zu construiren und die Wahrheit nach ihrem Ebenbilde
zu erschaffen, gestehen offen und mit Dank ein, daß die Bibel uns den
reinsten Begriff von Gott, den richtigsten Aufschluß über den Menschen,
und die vollkommenste Sittenlehre gebe.

Nicht wenige Geologen [1] wundern sich, daß viele Jahrtausende vor Entstehung ihrer Wissenschaft Moses die Bildung der Erdkruste und die Entstehung der Wesen in derselben Reihenfolge aufführe, welche der jetzige Thatbefund nachweist.

Die Alterthumsforscher, die jetzt nach Jahrtausenden die Ruinen von Babylon und Ninive bloßlegen, finden zu ihrem Erstaunen Nichts, was nicht im besten Einklang mit der dahingehörigen Darstellung der Bibel wäre.

Unter den Naturforschern haben Manche, welche die Wissenschaft populär (d. h. speciell für Unwissende) verarbeiten und im Sumpfe des Materialismus herumpatschen, den Versuch gemacht, die Bibel in einem Kapitalpunkte des Irrthums zu überführen, nämlich in Bezug auf die Stamm= und Gattungs=Einheit des Menschengeschlechtes [2]. Man hatte schon früher die Menschen in verschiedene Gruppen oder Racen nach ihrer Körperbildung eingetheilt, ohne damit eine wesentliche Gat= tungsverschiedenheit aufstellen zu wollen. Diese Halbwisser aber behaup= ten steif und fest, die Verschiedenheit der Farbe, der Haare, der Backen= und Gehirnknochen, das mehr oder mindere Hervorstehen des Ober= und Unterkiefers könnten nur von einer Grundverschiedenheit der Gat= tung und des Urstammes hergeleitet werden. Wenn dem so wäre, dann enthielte die Bibel freilich einen Grundirrthum: denn sie leitet alle Menschen zuerst von Adam und Eva, und dann von Noe und seinem Weibe her. Was sagt nun die Wissenschaft dazu?

Die Naturgeschichte selbst sagt vor Allem, daß jene Behauptung eine ganz unwissenschaftliche sei. Denn jene Merkmale seien viel zu zufällig, um darauf eine Gattungsclassification zu bauen. Innerhalb jeder Bevölkerung, die doch eines Stammes sei, schwanken jene Unter= schiede, wie bei den Thieren einer Gattung, zufällig hin und her. Es besteht eben die ganze Schönheit der Natur aus der Verschiedenheit in der Einheit. So hat sich wohl unter den drei Söhnen Noe's, deren geschichtliche Weltstellung die hl. Schrift so genau vorausgesagt hat,

---

[1] So Marcel de Serres: La Cosmogonie de Moïse; B. Auckland: Geologie; Andreas Wagner: Geschichte der Urwelt u. A. S. auch Wiseman: Zusammen= hang der Ergebnisse wissenschaftlicher Forschung mit der geoffenbarten Religion. Deutsch von Haneberg; Regensburg 1840. S. 213 ff.; und besonders Dr. Reusch: Bibel und Natur. Zweite Auflage. Freiburg, Herder 1866.

[2] Wer die Frage erschöpfend behandelt wünscht, den verweisen wir auf den Engländer Prichard, Naturgeschichte des Menschengeschlechtes I. Bd., und den Deutschen Andr. Wagner, Geschichte der Urwelt, I. 6 ff.

nach Gottes weiſer Anordnung ein dreifacher Grundtypus begründen, und unter ihren Nachkommen durch Klima, Nahrung, Wohnung, Tugenden und Laſter, bei langer Iſolirung feſtſtellen und dann durch theilweiſe Miſchungen und Wanderungen verſchiedenartig verzweigen können, was die Erfahrung noch immer beſtätigt. Vollends des Irrthums wird aber jene Behauptung überführt durch die als Naturgeſetz feſtſtehende Thatſache, daß da, wo wirkliche Gattungsverſchiedenheit beſtehe, die Fortpflanzung gar nicht oder doch nicht unbeſchränkt ſtatthaben kann; unter allen Menſchenracen aber hat die Fortpflanzung unbeſchränkten Fortgang.

Die Philoſophie ihrerſeits macht die Naturforſcher aufmerkſam, daß man am Menſchen nicht bloß den Körper und ſeine zufälligen Merkmale berückſichtigen dürfe. Die Pſychologie aber finde in jedem Menſchen eben nur eine menſchliche Seele, überall weſentlich mit denſelben Anlagen ausgeſtattet, und derſelben Ausbildung, wie bedürftig, ſo auch empfänglich, und zwiſchen den Menſchenracen ſei die Verſchiedenheit der Seelen nicht größer, als zwiſchen Individuen derſelben Race. Darum habe die Logik, welche jedes Ding nach dem nächſten Gattungsbegriff und ſpeciellen Unterſchiede definirt, für alle Menſchen aller Racen nur eine Definition: der Menſch iſt ein vernünftiges Thier.

Der Moraliſt und der Juriſt ſagen ihrerſeits, ſie müßten allen Menſchen, ohne Unterſchied der Race, dieſelbe Menſchenwürde, dieſelben urſprünglichen Menſchenrechte, dieſelben Pflichten zuerkennen, und vermöchten ſomit keine Gattungsverſchiedenheit zu geſtatten. Die Heiden, welche in ihrem dummen Hochmuthe ſich für Autochthonen hielten, ſtritten freilich unter ſich über größern Adel und höheres Alterthum; aber Fremd und Feind war bei ihnen auch nur ein Wort, und die Freien ſahen die Sklaven für ſehr verſchiedene Weſen an, denen keine Menſchenrechte zukämen; was die Vernunft doch mit Abſcheu verwerfen muß.

Die namhafteſten Geſchichtsforſcher hegen die Anſicht, alle Fäden führten auf ein gemeinſames Stammland, als Urwiege aller Völker, zurück, was auf eine gemeinſame Abſtammung ſchließen laſſe.

Die Sprachkundigen endlich kommen dieſem Ergebniſſe immer näher und ſind unter ſich ziemlich einig, daß man alle verſchiedenen Sprachen auf drei Gruppen zurückführen müſſe, durch welche man wie Eine Grundſprache durchtönen höre [1].

---

[1] Vgl. Dr. Kaulen, die Sprachverwirrung zu Babel.

An diesem einen Beispiele wollte ich dir, lieber Leser, zeigen, wie es der vermeintlichen Wissenschaft ergeht, wenn sie es wagt, sich mit Moses, mit der hl. Schrift in einen Kampf einzulassen. Die gebiegene Wissenschaft vertritt die Sache der hl. Schrift. Für die Aufstellung jener Behauptung weiß ich, um es offen zu sagen, keinen andern Grund dir anzugeben, als: weil sie gottlos ist, die hl. Schrift ruinirt und das Christenthum bei der Wurzel angreift. Grundlehre des Christenthums ist der Sündenfall der ganzen Menschheit in ihrem Stammvater, dem ersten Adam, und Erlösung des ganzen Menschengeschlechtes durch Christus, den zweiten Adam. Die Folge dieses Grunddogma's ist Vereinigung aller Menschen in Christus zu einer Gottesfamilie, ausnahmslose Bruderliebe aller Menschen unter einander in Gott und Gleichberechtigung aller Menschen vor Gott; d. h. das Erhabenste, was der Geist fassen, das Beseligendste, was das Herz wünschen kann. Das kann aber dem Teufel und seinen Aposteln unmöglich gefallen. Verstehst du jetzt? —

Nun wirst du aber auch begreifen, warum die Juden und Christen so mit Leib und Seele an den hl. Schriften stets festhielten. Ihr Urtheil und ihr Zeugniß für diese Bücher ist neben dem innern Merkmal ihres göttlichen Ursprungs von ganz entscheidendem Gewichte. — Wir nehmen die Bücher der Griechen und Römer und anderer Völker auf ihr Zeugniß hin. Das Zeugniß der Juden und Christen für die Bibel ist aber viel gewichtiger. Die griechischen und römischen Dichter, Redner, Geschichtschreiber u. s. w. waren nicht die Gesetzgeber ihrer Nation. Ihre Werke konnten somit in religiöser und sittlicher und selbst in politischer Beziehung als ganz gleichgültig angesehen werden. Die hl. Schrift aber ist für die Juden nicht nur beinahe ihre ganze Literatur, sondern ihr politisches und religiöses Gesetz. Für sie, wie für die Christen, stellt sich die hl. Schrift als Gotteswort hin, und verlangt von Jedem unbedingten Glauben und Gehorsam unter Strafe ewiger Verdammung. Und welch' eine Religion stellt die Schrift dem Juden und Christen auf? Anerkanntermaßen die reinste und heiligste, die kein Laster schont, allen Leidenschaften unerbittlichen, lebenslänglichen Krieg erklärt, stete Selbstüberwindung verlangt, alle erdenklichen Opfer, selbst des Lebens, auferlegt, und dieß Alles für Belohnungen im andern Leben, die man nur von Gott, also wenn man in der Wahrheit gewandelt, erlangen kann.

Lieber Freund! Bevor man sich so Etwas aufbürden läßt, schaut man genau zu, ob man dazu auch verpflichtet sei. Den Unglauben, der von allen Pflichten entbindet, mag man leichtsinnig hinnehmen. Juden und Christen haben aber zu Tausenden lieber ihr Blut vergießen wollen, als daß sie ihre hl. Bücher an Tyrannen, die sie vernichten wollten, ausgeliefert hätten. Millionen von Christen haben für den Inhalt dieser Schriften freudig ihr Blut vergossen, und, was noch weit mehr zu bedeuten hat, — Myriaden von Christen haben sich im Glauben an das göttliche Ansehen dieser Schriften ihr Lebenlang Gewalt ange= than, ihre bösen Gelüste heldenmüthig überwunden, die Menschheit durch ihre hohen Tugenden verherrlicht, die Welt mit den Monumenten ihrer Wohlthätigkeit erfüllt und sind in diesem ihrem Glauben ruhig und selig gestorben [1]. Sage mir ehrlich, lieber Leser! kennst du andere Schriften, deren Aechtheit und Wahrhaftigkeit besser beglaubigt wäre?

---

[1] Den kritischen Beweis für die Aechtheit der Schriften der Bibel und des N. T. insbesondere findet man in jedem apologetischen Handbuch, in jeder Einlei= tung in das A. T. bei Welte, Herbst, Reusch u. A., in die Bücher des N. T. bei Reithmaier, Schulz, Wille und A., besonders scharf bei Hug. Anstatt dieser weit= läufigen, trockenen Untersuchung gebe ich dem Leser lieber den Ausspruch des gesun= den Menschenverstandes, wie ihn der ungläubige J. J. Rousseau in einem hellen Momente gefällt hat, im Emile l. 4:

„Ich muß gestehen, die Majestät der hl. Schriften ergreift mich und die Heilig= keit des Evangeliums spricht mir zum Herzen. All' die Bücher der Philosophen mit all' ihrem Pomp, wie sind sie kleinlich gegen dieses eine Buch! Wäre es möglich, daß ein Buch von solcher Erhabenheit, und dabei so einfach, eitel Menschenwerk ist? Und der, von dem es berichtet, er sollte nichts weiter sein, als ein gewöhnlicher Mensch? Ist denn dieß die Sprache eines Enthusiasten oder eiteln Anhängers irgend einer Schule? Welche Milde, welche Reinheit in den Sitten! welche ergreifende Salbung in den Belehrungen! welche Kraft des Gedankens in den Grundsätzen! welche tiefe Weisheit in allen Reden! Welche Geistesgegenwart, welche feine Wen= dung, welche Triftigkeit in allen Antworten! welche Beherrschung jeder Leidenschaft! Wo ist der Mensch, wo der Weise, dem es gelänge, zu handeln, zu dulden, zu ster= ben, ohne sich die geringste Blöße zu geben und nie der Eitelkeit zu erliegen? Wo uns Plato das Ideal eines rechtlichen Mannes entwirft (De rep. Dial. l.), der mit der Schmach aller Schlechtigkeit überhäuft wird, und der allein des vollen Loh= nes der Tugend würdig wäre, da zeichnet er uns Zug für Zug das Bild Jesu Christi, und die Aehnlichkeit ist so treffend, daß sie alle Väter fanden und es über= haupt nicht möglich ist, dieselbe zu verkennen. . . . Der Tod des Sokrates, der bei geistreichen Gesprächen im Kreise seiner Freunde das Ende seines Lebens erwartet, ist die süßeste Todesart, die wir uns wünschen können; der Tod Jesu aber, der un= ter Qualen, Schmähungen und Spott, von seinem Volke verflucht, seinen Geist aufgibt, ist so entsetzlich, daß es uns davor graut. Wohl nimmt Sokrates ruhig den Giftbecher und segnet den, der ihm denselben reichte, — aber dieser hat geweint; Jesus hingegen betet unter den gräßlichsten Qualen für seine Peiniger und Feinde.

Und doch gibt es, zur unauslöschlichen Schande der christlichen Völker, Menschen, was sage ich? Theologen, freilich nur protestantische, welche die Bibel eine Sammlung von Fabeln nennen! Von diesen hätte ich lieber geschrieben, aber ich kann nicht. Weil sie übrigens das Christenthum so wenig schonen, werden sie auch für sich wenig Schonung beanspruchen. Diese Männer mißbrauchen vielfach ihr Amt und ihre äußere Stellung innerhalb des Christenthums zur Zerstörung desselben. Weil die Masse des Volkes noch gläubig an Bibel und Christenthum hält, so ist, will man nicht um sein liebes Brod kommen, einige Vorsicht geboten. Darum hat man schon früher seine Herzensgedanken nicht deutsch plump herausgesprochen, sondern zur griechischen Sprache seine Zuflucht genommen; man verständigte sich, wie man dem Volke einstweilen noch die christliche Sprache ließe, aber unvermerkt die christlichen Begriffe in heidnische umsetzen sollte [1]. So hörte man diese Herren von Mythen, mythischen Erzählungen, Mythologie reden, und die Bibel Mythologie der Hebräer nennen. Daß die ganze Gottlosigkeit mit gelehrtem Schnickschnack umwunden einherging, versteht sich von selbst. Ich will dich, lieber Leser, der du den gesunden Menschenverstand nicht verstubirt hast, nicht durch dieses ungeheure Gestrüpp schleppen [2], sondern gleich die Art an die Wurzel schlagen, oder vielmehr das aufgedunsene Ding in sein Nichts zusammensinken lassen.

Den ganzen Unrath der ungläubigen Schulen hat Dr. Fr. David

Wahrhaftig, lebt und stirbt ein Weiser wie Sokrates: wie Christus lebt und stirbt ein Gott.

„Werden wir also behaupten, die Erzählung des Evangeliums sei eine Dichtung? Mein Lieber, so erdichtet man nicht! Sodann sind die Berichte über Sokrates, an denen doch Niemand zweifelt, weit weniger verbürgt, als jene über Christus. Endlich ist damit die Schwierigkeit nur hinausgeschoben, nicht aber gelöst; denn es ist weit weniger denkbar, daß mehrere Menschen dieß Buch zusammengetragen, als daß Einer in der That dessen Inhalt bilde. Jüdische Schriftsteller hätten nie diesen Ton getroffen, wären nie zu einer solchen Moral gelangt; kurz, das Evangelium trägt Spuren der Wahrheit an sich, die so gewaltig, so überraschend, so vollständig unnachahmbar sind, daß dessen Erfinder noch mehr Staunen erregen mußte, als der, von dem es berichtet."

[1] Dr. Strauß gab am Ende seines Lebens Jesu, in der ersten Auflage, hiezu den Predigern eine förmliche Anleitung, die ich in der dritten Auflage nicht mehr vorfinde.

[2] Wer hierüber weiteren Aufschluß wünscht, wird ihn, unter den zahlreichen hier einschlägigen Werken, am bündigsten und klarsten finden bei Dr. Reusch: Lehrbuch der Einleitung in das Alte Testament, und bei Dr. Hug: Gutachten über das Leben Jesu von Strauß.

Strauß in seinem Leben Jesu zusammengekehrt, und in einen Hau=
fen, d. h. in ein System zusammengebracht [1]. Die Grundlage des Gan=
zen ist in der Einleitung (besonders §§ 13 und 14) gelegt. So lautet
sie: Die Bibel berichtet Ereignisse, die weder natürlich erklärt werden,
noch übernatürlich sein können: also muß man sie für Mythen (deutsch:
Fabeln, Märchen, in welche irgend eine innere Wahrheit einge=
kleidet wird) halten. Hierhin gehören alle Erzählungen, in welchen
übermenschliche Wesen, Gott, Engel, Teufel als handelnd aufgeführt
werden, kurz alle sogenannten Wunder, alles Uebernatürliche. — Im
Verlaufe des Werkes macht Strauß die sog. Naturalisten, welche
die in der Schrift erzählten Wunder zwar als geschichtlich wahr annah=
men, aber auf natürliche Weise, durch willkürliche Hinzudichtung nicht
berichteter, oder durch Entfernung berichteter Umstände erklären wollten,
vollkommen lächerlich. Dieß ist die positive, werthvolle Seite seines
Werkes. Er ruinirte den Naturalismus so gründlich, daß nur noch
verspätete Schulmeister, die in der Bibliothek eines alten Predigers oder
bei einer Tröblerin die Werke eines Venturini oder eines Dr. Paulus
aufgefunden, die Wunder der Bibel natürlich erklären. — Wie steht es
aber mit der Behauptung, daß jene Ereignisse und Thaten nicht über=
natürlich sein können? Dr. Strauß und Compagnie steigen hier auf
das hohe Roß der modernen Wissenschaft und erklären der Welt pe=
remptorisch: „Es gibt nichts Uebernatürliches! Wunder sind unmög=
lich!" — Ist das Alles? Dieser Unsinn ist schon lange und oft aus=
gesprochen und tausendmal als Unsinn constatirt worden. Ich kann
mich also kurz fassen.

---

[1] Der Franzose Renan, Erzkanzler der französischen Freimaurerei, bekam die
Weisung (nebst schönem Angebote), diese Waare nach Frankreich zu bringen. Er
mochte aber den ungeheuern Frachtwagen deutscher Gründlichkeit und Wissenschaft=
lichkeit nicht über die Grenze schaffen. Er hätte bei den leichten Franzosen wenige
Abnehmer gefunden. Er nahm nur die leichtern Artikel, und um sie dem fran=
zösischen Geschmacke mundgerecht zu machen, bespickte er sie mit eleganten Läste=
rungen und übergoß sie mit französischem Esprit (= Sprit). Daß die Waare wie=
derum als delikater Gaumenartikel über den Rhein transportirt wurde, darf nicht
Wunder nehmen. Dasselbe passirt vielen Artikeln der deutschen Industrie. Die
guten Deutschen sind von der stiefmütterlichen Natur so verwahrlost, daß sie ohne
die Franzosen weder schön noch geistreich sein können. — Bei dieser Gelegenheit
haben boshafte Ultramontanen behauptet, es gebe viele Deutsche, welche sich
zwar nicht von Rom, wohl aber von Paris aus commandiren ließen, und dem
Pariser Grand-Orient gegenüber Colporteur=, Spionen= und Pudeldienste leisteten.
Was Wahres daran sei, wage ich nicht zu sagen.

Das Wort Uebernatürlich bezeichnet seinem Laute nach Etwas, das zur Natur, zum Natürlichen in Beziehung steht; es setzt die Natur, das Natürliche voraus und setzt über dasselbe noch etwas Höheres, was zum Wesen der Natur nicht gehört, ihr nicht gebührt, oder von der Natur nicht geleistet werden kann. Mit dem Worte Natur bezeichnen wir bald die Gesammtheit aller geschaffenen, besonders der sichtbaren Dinge: bald auch das Wesen, die Eigenthümlichkeit jedes einzelnen Dinges. Nehmen wir das Wort in diesem zweiten Sinne, dann ist es handgreiflich, daß es gar vieles relativ Uebernatürliche gibt. Für den Stein ist das Leben der Pflanze etwas Uebernatürliches, weil das Leben gar nicht zu seiner Natur gehört, und er nichts zum Leben Gehöriges leisten kann. Der Pflanze hinwiederum ist das Leben natürlich, das Fühlen aber übernatürlich; dem Thiere ist Leben und Fühlen natürlich, aber übernatürlich das Denken und freies Wollen. — Nun fragt es sich, ob der Mensch der höchste Gipfelpunkt des Seins ist? Der Pantheist, der Materialist und der Atheist antworten unbedenklich mit Ja, und sind sich nur consequent, wenn sie die Möglichkeit der Wunder und alles Uebernatürliche läugnen. Wer aber an Gott glaubt, stellt ihn unendlich hoch über den Menschen und die ganze Natur, und weiß, daß Gott noch andere Wesen, vollkommener als der Mensch und die sichtbare Natur, habe erschaffen können; er wird also das mögliche Vorhandensein der sog. Engel nicht von vorneherein in Abrede stellen. Mit dem Dasein Gottes ist also auch für den Menschen ein absolut Uebernatürliches, mit dem Dasein übermenschlicher Geschöpfe aber ein relativ Uebernatürliches gegeben. Wie nun das Pflanzenreich über die leblose Natur, das Thierreich über die untern Wesen, der Mensch aber über alle untergeordneten Reiche einen unläugbaren Einfluß ausübt, so wird wohl die Geisterwelt auf die Menschen und die Natur einen Einfluß üben können. Wie aber der Mensch in seinen Berührungen mit den ihm unterworfenen Dingen die Gesetze nicht aufheben kann, von welchen sie nach Gottes Anordnungen beherrscht werden, so können auch jene mächtigern Wesen ohne weise Zulassung Gottes in ihrem Einwirken auf uns die Grenzen nicht überschreiten, die Gott für uns und die Natur gezogen hat. Die ganze Schöpfung muß als ein göttlicher Gedanke, als das Werk eines göttlichen Willens aufgefaßt und somit jedes ihrer Glieder als den Gesetzen und der Harmonie des Ganzen eingefügt gedacht werden.

Das Wunder ist nun wesentlich ein übernatürliches Werk, dessen

Ursache wir nicht in einem Geschöpfe, sondern nur in Gott finden
können. Als solches stellt sich aber jedes geschichtlich erhärtete Ereig=
niß in der physischen und moralischen Welt dar, welches sich den un=
zweifelhaft constatirten Naturgesetzen entzieht. Denn nur Gott vermag
mehr zu leisten, als die ganze Natur, Gott allein ist über die Gesetze
der Natur erhaben.

Die Möglichkeit der Wunder läugnen, heißt nach J. J. Rousseau [1]
sich einen Titel erwerben auf eine Stelle im Irrenhause. Ich will mich
begnügen, zu behaupten, daß die Gründe für die Unmöglichkeit der
Wunder einem Gelehrten wenig Ehre machen. Man sagt: die Gesetze
der Natur sind unwandelbar: also kein Wunder möglich. Ich sage: sie
sind unwandelbar für die Natur, sie binden aber Gott nicht, weil sie für
die Natur und nicht für Gott gegeben sind. Gott hebt die Gesetze der
Natur nicht auf, und ändert sie auch nicht, wenn er ein Wunder wirkt.
Wenn Gott den Lazarus auferweckt vom Tode, macht er dadurch alle
Menschen unsterblich, oder bewirkt er, daß von da an die Todten nach
Belieben aus ihrem Grabe hervorgehen können? Wenn er wenige Brode
vermehrte, daß sie Tausenden zur Sättigung gereichten, hat er die Art
und Weise geändert, nach der wir unser Brod gewinnen? — Bei
einem Wunder wirkt Gott, was ihm angemessen ist, und läßt die
Natur fortwirken, was ihr angemessen ist. — Aber, sagt man wei=
ter: der Wille Gottes ist unwandelbar; hat er also gewollt, daß die
irdischen Dinge ihren geregelten Lauf haben, so kann ohne Verän=
derung im göttlichen Willen kein Wunder stattgreifen. Ich sage: der
unveränderliche Wille Gottes kann die Ordnung der Natur und zu=
gleich seine Wunder in einen Plan zusammengefaßt haben, und die
Ausführung dieses Planes setzt keinen veränderlichen Willen voraus.
Hiezu reicht es aus, daß Gott Gründe haben könne, um neben der
Naturordnung auch noch Wunder zu wollen. Die Naturordnung ist
ein Gut, und die Wunder ein anderes. Es gibt ja Menschen, die aus
der steten Weltordnung geschlossen haben, die Welt sei selber Gott; an=
dere: Alles geschehe nach unerbittlichem Schicksale; wieder andere: Gott
habe zwar die Welt erschaffen, aber sie dann ganz sich selbst überlassen.
Das Wunder beweist aber auch dem Kurzsichtigsten, daß Gott Schöpfer
und Herr der Welt ist, und sie nicht verlassen habe.

Die Gegner des Uebernatürlichen sollten übrigens nicht bloß

---

[1] Emile I. 3.

um die Gesetze der Natur besorgt sein, die Gott jedenfalls zuverlässiger wahrt als sie. Sie sollten auf sich und ihre Mitmenschen einen forschenden Blick werfen, und sich ernstlich fragen, ob wir Menschen ohne das Uebernatürliche wirklich ausreichen? — Beobachten wir die Naturgesetze der sittlichen Ordnung mit jener Strenge, mit welcher man Gott selbst die Gesetze der materiellen Welt entgegen hält? — Sind wir nicht allesammt Sünder? Ist die Sünde nicht Unnatur? Sinkt der Sünder nicht unter den ihm angewiesenen Platz? — Und wer erhebt ihn wieder? Er selber? Wie? Durch aufrichtige Reue und Besserung? Jedenfalls ist das unerläßliche Bedingung; aber beweise mir, daß Gott verzeihen müsse, wenn der Mensch die begangene Sünde bereut und sich bessert. — Die vollkommenste Reue macht das begangene Unrecht nicht ungeschehen: es ist noch nicht Sühne, Genugthuung. Die Besserung? Kann sich der Sünder selber und allein bessern? Kurirt sich der Kranke lediglich durch seinen Willen, auch vorausgesetzt, daß der Wille selber nicht krank sei? Die Besserung, worin kann sie anders bestehen, als daß der Sünder von nun an Gottes Gesetz vollkommen beobachtet? Das war er aber schon vor der Sünde schuldig: wie kann er also die positive Sündenschuld abtragen? Ueberhaupt kann der Mensch von vorneherein Gott gegenüber nicht als Berechtigter erscheinen, weil er ganz und gar Gottes Eigenthum ist, und ihm all' sein Sein, Haben und Können schuldet. Der Mensch kann aus sich Gott gegenüber auf ewig nur geborner Schuldner sein, und durch Sünden nur neue Schulden contrahiren. Die Sünde aber ist eine unendliche Schuld. Sie ist die Entgegensetzung des geschaffenen Willens gegen den Willen des Schöpfers; also eine Empörung des Geschöpfes gegen seinen Herrn und Gott; also ein Versuch des Geschöpfes, sich an die Stelle des Schöpfers zu setzen; also eine versuchte Selbstvergötterung des Geschöpfes; also eine versuchte Vernichtung Gottes, des unendlichen Gutes; also eine maßlose Verkennung aller Rechte Gottes; also eine unnennbare Verachtung und Beleidigung der unendlichen Majestät Gottes. — Welche Strafe, welche Genugthuung ist einer solchen Schuld angemessen? Ist ewiger Kerker zu viel?

Da stehst du, stolzer Mensch mit deiner Vernunft, mit deiner Kenntniß des Gesetzes und dem unabweisbaren Bewußtsein der Schuld, und vielleicht tausendfach gehäufter Schuld! — Hilf dir selber! — Sieh' dich in der ganzen Schöpfung um einen Helfer um! Findest du einen? — Ach nein! Alle Menschen sind Sünder! Alle Geschöpfe vermögen nur Endliches, und schulden sich und all' das Ihrige Gott, ihrem Herrn. — Nun denn, wenn du nicht verzweifeln willst, blicke auf zu Gott: denn er ist barmherzig und voll des Erbarmens und all= mächtig. Wenn du willst, so will und kann er dir helfen. Aber wie? Durch einfachen Nachlaß deiner Schuld? — Allerdings ist er der Herr, und Niemand kann ihn zur Rechenschaft ziehen. Aber, wäre es den Menschen gut, wenn Gott die Sünden nicht bestrafte? Wäre das Sit= tengesetz practisch nicht wie aufgehoben? Würde Gottes Weisheit und Heiligkeit noch genugsam anerkannt? Und wie stünde es mit Gottes Gerechtigkeit? Diese theilt, ihrem unveränderlichen Begriffe nach, Je= dem das Seinige zu: also der unendlichen Schuld die unendliche Strafe; also mußt du doch in den ewigen Schuldenkerker!

Die hl. Schrift sagt und die Christen glauben: der eingeborne Sohn des ewigen Vaters habe aus Erbarmen mit uns armen Sündern, ohne aufzuhören, Gott zu sein, die Menschennatur angenommen. In dieser angenommenen Natur habe er für uns gelitten und sei als Sühn= opfer für uns am Kreuze gestorben. Als Gottmensch in einer Person sei er vollkommen sündelos gewesen; als Mensch habe er leiden können und als Gott seinen Thaten und Leiden, besonders seinem Todesopfer, unendlichen Werth verliehen und, als der beleidigten Gottheit ebenbür= tig, die geraubte Ehre vollkommen wiedergegeben. Der Sünder nun, welcher in der vom Gottmenschen dazu eingesetzten Taufe geistig wieder= geboren und mit dem Gottmenschen zu einer moralischen Person ver= bunden werde, erlange, um des Gottmenschen willen, volle Vergebung aller Sündenschuld und Strafe. Habe er das Unglück (denn so groß ist des einmal Gefallenen Schwachheit), wieder in Sünden zu fallen, so reinige ihn wieder das vom Gottmenschen eingesetzte Sacrament der Buße. Dem Wiedergeborenen aber, der als lebendiger Zweig mit dem Gottmenschen vereinigt bleibe, verleihe dieser Stamm ununterbrochen den Saft zu einem höheren, gottmenschlichen Leben, und gebe seinen Tu= genden und guten Werken einen Werth, dem eine ewige, unendliche Be= lohnung entspreche; mit einem Worte: der Gottmensch mache die Sei= nen zu seinen Adoptivbrüdern, zu Kindern Gottes und Erben des himm= lischen Reiches. In dieser Lehre sind die unversöhnlichsten Gegensätze versöhnt. Die Sünde ist vollständig gestraft und als unendliche Bos= heit hingestellt; Gott übt vollkommene Gerechtigkeit gegen das Böse, und zugleich unendliche, wahrhaft göttliche Barmherzigkeit gegen die armen Menschen; der liebe Gott läßt sich, seiner Gottheit unbeschadet, unendlich tief herab, aber der Mensch wird dadurch vom tiefsten Falle zur höchsten denkbaren Höhe erhoben.

Thatsächlich lieben die Christen Gott mehr als alle Nichtchristen; sie bekunden die richtigste und vollkommenste Kenntniß Gottes; sie zeich= nen sich durch ihre Tugenden und allseitige Bildung vor allen Völkern aus: ein vollkommener Christ ist ein so vollkommener Mensch, wie nur der Mensch auf Erden sein kann.

Was denkst du also vom Christenthum? Glaubst du, es sei Men= schenerfindung? Sind seine Geheimnisse die Summe „philosophischer Forschungen"? Haben die Christen von Haus aus eine von allen andern Völkern verschiedene Vernunft? Meinst du, ein armer sündiger Mensch habe sich mit seinen Gedanken emporgeschwungen bis zum Throne Gottes und habe Gottes Sohn von demselben heruntergezogen in die Krippe von Bethlehem; ihn von da durch alle Leiden, Mühen, Arbeiten, Entbehrun= gen, durch allen Hohn und Schmach auf Golgatha geschleppt und dort an's Kreuz geschlagen? — Nein, Freund! so viel Liebe traut der Sünder dem beleidigten Gott nicht zu. — Das Christenthum kann nur von der unendlichen Liebe Gottes erfunden worden sein. Unbegreiflich ist und bleibt diese Liebe Gottes zu dem sündigen Menschen; würde aber von uns diese begriffen, so wären ihre Thaten für uns keine Geheimnisse mehr. Wolle nicht die Liebe Gottes nach der deinigen messen! — So viel steht fest, unantastbar fest: Das Christenthum ist seit 18 Jahrhun= derten ein beständiges sittliches Wunder. Ist man nun consequent, wenn man ihm seine physischen Wunder als göttliche Beglaubigung bestreitet? Ist ja doch die sittliche Ordnung die höhere, wichtigere, die physische aber gleichsam nur ihr Schatten. Warum soll also nicht das sittliche Wunder vom physischen begleitet werden, besonders um Jene, die auf das sittliche weniger achten, auf dasselbe hinzuführen? — Die Wunder gehören zum Christenthum, zu seinem Dogma, zu seiner Wirk= samkeit: sie sind ihm natürlich, weil es übernatürlich ist. — Das Chri= stenthum läßt mit sich nicht markten, weil es sich nicht will zerreißen lassen. Entweder ganz oder Nichts! ·

Auf die Frage: Warum ist Christus gekreuzigt worden? antworten Christen, Juden, Mohamedaner und Heiden einstimmig: weil Er sich für Gott, Gottes eingeborenen Sohn ausgegeben hat. Wir wissen also, nöthigenfalls auch ganz unabhängig von der hl. Schrift, daß Er sich als das unbedingt Uebernatürliche selbst hingestellt hat. Er mußte Sich also als Solcher, d. h. als Gott bekunden. Seine Geschichte, unläug=

bar von den Propheten vorhergeschrieben, ist die eines Gottmenschen; sein sittlicher Charakter, seine fleckenlose Heiligkeit sind die eines Gottmenschen; seine Lehre ist gotteswürdig; sein Leiden und Sterben sind die eines Gottmenschen; kurz, wenn Gott als Mensch wirklich auf Erden wandelnd gedacht wird, kann er nicht würdiger als unter der Gestalt Christi gedacht werden. Was stößest du dich also an den Wundern? Es wäre wahrlich ein Wunder, wenn er keine Wunder gethan hätte.

Die Juden und Heiden, und zwar die Philosophen Celsus, Porphyrus, Jamblichus, Hierocles und Julian der Abtrünnige, haben die geschichtliche Wahrheit der Wunder Christi nie geläugnet; die Thaten waren zu offenkundig. Ebenso wenig haben sie den Versuch gewagt, dieselben natürlich zu erklären. Da sie doch nicht an Christus glauben wollten, so haben die Pharisäer sie dem Teufel zugeschrieben, und weil dieß dem Volke nicht einleuchten wollte, beschloß der hohe Rath, den vom Tode erweckten Lazarus zu tödten und Jesum zu kreuzigen. — Die oben genannten heidnischen Philosophen aber schrieben die Wunder Christi einfachhin der Zauberei zu. Es bleibt auch in unserer Zeit Jenen, die an die Gottheit Christi nicht glauben wollen, keine andere Wahl. Die Wunder Christi stehen als geschichtliche Thatsachen da, nicht nur von den hl. Schriftstellern des neuen Testaments und allen christlichen Jahrhunderten erzählt und behauptet, sondern auch von Juden und Heiden anerkannt und auch von Mohammedanern zugestanden. Alle Versuche aber, dieselben natürlich zu erklären, sind jämmerlich gescheitert, und ich fordere ohne Scheu alle Gelehrten des 19. Jahrhunderts auf, ein einziges Wunder Christi natürlich zu erklären, unter der Bedingung jedoch, daß man durch Wiederholung jenes Wunders seine Erklärung als eine ausreichende nachweise. — Bis die natürliche Erklärung jener Wunder gegeben ist, bleibt aber keine andere Wahl, als Christus entweder für eine göttliche oder (darf ich es hier schreiben?) eine diabolische Erscheinung zu halten. Wer schwankt noch? —

Bedauerungswürdige Menschen, die an die Gottheit Christi nicht glauben und doch Christen sein wollen! Was hilft euch ein Mensch, und wenn er noch so heilig und so weise wäre? Kann er euch von der Sündenschuld und der ewigen Sündenstrafe erlösen? Kann irgend ein Mensch euch unfehlbar sagen, was vor Gottes Augen wahr und nach Gottes freiem Willen Recht und Pflicht ist? Genügt euch eine rein menschliche Religion? Wollt ihr euch für immer an einen Menschen schließen? Soll euer ewiges Heil, anstatt von Gott, von einem Menschen abhangen?

Wenn Christus nur Mensch war, wie konnte dann an ihm Alles so göttlich sein? Wie konnte ein Mensch das bewirken, was er bewirkt hat und stets fort bewirkt? Es weist uns die Weltgeschichte so viele gelehrte und weise und heilige Männer auf: waget ihr es, einen Einzigen von ihnen Allen mit Christus auch nur im Entferntesten zu vergleichen? Erbleichen sie nicht alle vor ihm, wie auch die Sterne erster Größe vor der Sonne?

Beachtet übrigens wohl und vergesset es nie: Wenn man Christus alles Uebernatürlichen entkleidet, dann steht nicht mehr **der große Weise von Nazareth**, nicht mehr **das höchste Ideal sittlicher Größe** vor den Augen der Menschheit da, sondern ein einfacher Jude, der sich — an's Kreuz gelogen hat. — — Das jüdische Gesetz legt Todesstrafe auf Anstiftung und Verleitung zur Abgötterei. Christus hat sehr oft in seinen Reden an das Volk und an seine Jünger sich für Gott, Gottessohn, Einer Wesenheit mit dem Vater, ausgegeben; er hat sich alle Eigenschaften und Rechte Gottes beigelegt; er hat an die Seinen alle Ansprüche gemacht, und zwar solche, die nur Gott machen kann. Dafür nun wurde er als Gotteslästerer, Feind des Gesetzes und Verführer der Menschheit vor das oberste Gericht der Nation gestellt und befragt. Hier bekräftigt er seine Aussagen mit einem Eide und kündigt sich seinen Richtern als den künftigen Richter der Lebendigen und der Todten an. Seine Aussage wird von allen Richtern als Anmaßung der Gottheit angesehen; er wird einstimmig zum Tode verurtheilt; er hört sein Todesurtheil an und gibt keine Erläuterungen über seine beeidigte Aussage, ja er antwortet auf keine Frage mehr; er geht in den grausamsten, schmachvollsten Tod wie ein Lamm, das seinen Mund nicht öffnet. Am Kreuze hangend jedoch, umbrüllt von einer rasenden Menge, die ihm flucht, verhöhnt in seinen Schmerzen von den Gebildeten seines Volkes, da öffnet er seinen Mund zum Gebete: Vater! verzeihe ihnen, denn sie wissen nicht, was sie thun! — Vater! in deine Hände empfehle ich meinen Geist! und so senkt er sein Haupt und stirbt. —

Hat er die Wahrheit gesagt: o! dann wohl uns! Ehre sei Gott in der Höhe, und auf Erden Friede den Menschen, die guten Willens sind! Dann werfen wir uns weinend, dankend, jubelnd vor das Kreuz in den Staub und beten an und preisen ewig den wahren, lieben Gott, die unendliche Liebe, die unendliche Heiligkeit, die furchtbare Gerechtigkeit und die unbegrenzte Barmherzigkeit, die sich am Kreuze umarmt und sich den Kuß des Friedens gegeben haben. Wir sind erlöst und Gottes Kinder geworden durch seinen Sohn Jesus Christus, der da ist der göttliche Bürge unseres Glaubens und unserer Hoffnung, wie der Gegenstand unserer ewigen, ungemessenen Liebe.

Hat er aber die Wahrheit nicht gesagt, dann gibt es in der ganzen Weltgeschichte keinen Menschen, der uns weniger anginge, oder vielmehr, der uns ferner stände. Er könnte höchstens für den Psychologen als ewig unentwirrbares Räthsel interessant sein. Hat er die Wahrheit nicht gesagt, so hat er entweder ohne Wissen oder mit Wissen die Unwahrheit gesagt; ein Drittes ist undenkbar.

Im ersten Falle (ich muß klar reden) war er entweder von vornherein, gleichsam von Geburt, ein Irrsinniger oder er hat durch maßlose Exaltation seines Hochmuthes sich selbst zu dem Wahnsinn erhoben, daß er aufrichtig glaubte, Gott zu sein. Dann ist er noch viel mehr zu bedauern, als jene Bewohner unserer Heilanstalten, die sich einbilden, nur Könige und Kaiser zu sein, und die man dafür nicht an's Kreuz schlägt, sondern mit aller möglichen Liebe und Schonung behandelt. Dann aber erkläre man mir, wie mit einem Wahnsinn, der durch Nichts, selbst nicht durch den Kreuzestod, auf einen hellen Augenblick unterbrochen wird, der ganze übrige Charakter Christi, seine unendliche Milde, seine unzerstörbare Ruhe, die unerreichbare Schönheit seiner Reden, das unvergleichliche Ebenmaß all' seiner Handlungen, die wahrhaft göttliche Weisheit, mit der er die verfänglichsten Fragen beantwortet, allen ihm gelegten Schlingen entgeht, die unläugbare Vortrefflichkeit des ganzen, bis jetzt noch unübertroffenen christlichen Religionssystems, kurz: wie der ganze Christus und das ganze Christenthum sich mit dem unvergleichlichsten, tiefsten, unheilbarsten Wahnsinn vereinbaren lassen. Man erkläre mir, wie dieser Wahnsinn die Welt ergreifen, die rohesten, verkommensten Völker erfassen, sie zur höchsten Weisheit erheben, fast schon zwei Jahrtausende die Weltgeschichte beherrschen konnte. Man erkläre mir, wie Myriaden vernünftiger Menschen so viele Jahrhunderte lang vor einem Wahnsinnigen anbetend, preisend, bittend, dankend und hoffend auf den Knieen liegen konnten. Dann ist Finsterniß die Mutter des Lichts, der Irrsinn gebiert die Wahrheit, und die Vernunft ist ein Unding. Mir schwindelt . . . . Ich verzichte lieber auf meine Vernunft, als daß ich Christo den vollsten Gebrauch der Vernunft abspreche.

Hat er also die Wahrheit nicht gesagt, so hat er mit Wissen die Unwahrheit gesagt, sie mit einem Eide vor Gericht bestätigt und ging dafür ruhig in den Tod, und betete zu Gott um Verzeihung für seine Richter und empfahl fromm seine Seele Gott. Was ist er dann? Ich finde in der Menschensprache keinen Namen für ihu! Er hat gegen Gott und gegen die Menschheit das größte denkbare Verbrechen begangen und damit die höchste denkbare Heuchelei verbunden. Wer sich von ihm nicht mit maßlosem Ekel und Abscheu abwendet, ist seiner würdig. Rede man mir nicht mehr von ihm!

Aber, was ist dann das ganze Christenthum? Was sind alle Christen? Hier stehe ich wiederum an einem bodenlosen Abgrunde, wo mir schwindelt, wo ich an der Menschheit und an der Vernunft irre werde. — Nein, Christus ist kein Betrüger! Ich bete ihn an als meinen Gott und meinen Erlöser, meine Hoffnung und meine Liebe!

Aber an die Rationalisten noch ein Wort: Es kann euch Niemand zwingen, an die Gottheit Christi zu glauben. Gott hat dem Menschen seinen freien Willen als Bedingung des sittlichen Verdienstes gelassen. Der Glauben an die Gottheit Christi aber, und folglich an das ganze Christen=thum soll durch ewige Seligkeit in der unmittelbaren Anschauung und im ewigen Besitz Gottes belohnt werden; dieser Glaube muß also, troß der augenscheinlichen Beweise seiner Wahrheit, ein Act eueres freien Willens sein und bleiben. Glaubet oder glaubet nicht, wie es euch beliebt, auf euere Gefahr hin; Niemand kann und darf euch Gewalt anthun. Aber eine Bitte dürft ihr mir nicht verargen, nicht abschlagen. Diese Bitte lautet: Achtet euch selbst! Man muß Christus entweder an=beten, oder sich von ihm mit tiefstem Bedauern oder mit namenlosem Abscheu abwenden. Ihr thut aber keines von Beiden, und das gereicht weder euerem Verstande noch euerem Herzen zur Ehre. Ihr nennet euch Christen und glaubet doch an die Gottheit Christi nicht. Ist Christus aber nicht Gott, so ist er entweder ein Wahnsinniger oder ein Betrüger. Das ist erwiesen. Ein Wahnsinniger? Und ihr nennt euch seine Schüler? Wo ist euer Verstand? — Ein Betrüger? Und ihr nennet euch seine Anhänger und Verehrer? Wo ist euer Herz? — Er soll sich der Thor=heit und dem Wahne seiner Zeitgenossen accommodirt, d. h. dieselben sich zu Nutzen gemacht haben; er soll sich als ein höheres göttliches Wesen hingestellt, sogenannte Prophezeiungen, welche seine Nation für göttliche hielt, auf welche sie alle ihre Hoffnungen baute, fälschlich auf sich bezogen, auf Taschenspielerkünste als auf göttliche Wunder, als auf seine göttliche Beglaubigung sich berufen haben: und dieß Alles um seiner herrlichen Religion, seiner reinen, gotteswürdigen, menschenfreund=

lichen Sittenlehre Eingang zu verschaffen? — Er hat also, um die Wahrheit zu begründen, gelogen! Er hat die Menschen betrogen, um sie tugendhaft zu machen! Und darum ist er in eueren Augen der größte Wohlthäter des Menschengeschlechtes; der Weiseste unter den Weisen, der Heilige über alle Heiligen! Und Ihr bekennet euch mit Ehrfurcht und Liebe zu seinen Anhängern! Ihr unterstellet also selbst dem höchsten Ideale der Sittlichkeit, Christo euerm Lehrer, den infamen Grundsatz: Der Zweck heiligt die Mittel! — Ihr Thoren und Heuchler dazu! Thoren: denn was hat Christus an's Kreuz gebracht? Eben das Gött= liche, das Uebernatürliche, was er sich nach euerer hohen Weisheit und bewunderungswürdigen Ehrlichkeit nur als Mittel beilegte, um das rein Natürliche zu begründen. Christus richtet (Joh. 10, 32 f.) an die Masse, die ihn steinigen will, die Worte: „Ich habe euch durch die Macht meines Vaters viele Wohlthaten erwiesen: wegen welcher dieser Thaten wollet ihr mich nun steinigen?“ Es wird ihm die Antwort: „Um eines Werkes willen steinigen wir dich nicht, sondern um der Gotteslästerung willen, weil du, der du ein Mensch bist, dich selber zum Gott machst.“ Was hat dem Christenthum stets den größten Widerspruch geschaffen? Das Uebernatürliche an ihm und in ihm. Was habet ihr selber an Christus und am Christenthum auszusetzen? Eben nur das Uebernatür= liche. Und doch verdankt nach euch Christus und Christenthum all' sein Gelingen dem erlogenen Uebernatürlichen? Seid ihr verrückt? Nein, Ihr seid Heuchler. — Ihr hasset Christus und das Christenthum, weil sie euch im Wege stehen. Um Christus verhaßt und verächtlich zu machen, unterstellet ihr ihm wie euere eigene Schlechtigkeit so euere eigene Thor= heit. Oh wehe, wehe euch am Tage, wo er euch richten wird!

§ III.
Indifferentismus und Latitudinarismus.

Das zweite Wort in der Aufschrift, gebildet aus dem lateinischen Worte latitudo, welches **Breite** bedeutet, ist besonders in England und in Nordamerika gebräuchlich. Es bezeichnet jene Anschauungsweise, welche in religiösen Dingen dem Menschen die unbedingteste Ungebundenheit wahrt und jegliche Schranke entfernt[1]. Die Religion des Latitudinariers

---

[1] Es ist hier vom populären, consequenten Latitudinarismus die Rede; der theologische will freilich die Grenzen des Christenthums aufrecht erhalten wissen, in=

mußt du, lieber Leser, dir genau so vorstellen: Hinten und Vornen
Nichts, Rechts und Links leer, Oben und Unten Platz. Hier
nun wohnt der Indifferentismus, d. h. die Gleichgültigkeit in religiösen
Dingen. Der Papst verurtheilt beide, wie sie in den Sätzen 15, 16, 17
und 18 charakterisirt sind. Sie alle haben ihre gemeinsame Wurzel im
15. Satze:

„Es steht jedem Menschen frei, diejenige Religion anzunehmen,
„welche Einer, vom Lichte der Vernunft geleitet, für wahr hält.“

Du stutzest vielleicht, lieber Leser, beim Anblicke dieses Satzes und
fragst mich, ob er denn nicht richtig sei und wie der Papst ihn verwerfen
könne? Muß der Mensch nicht seiner Vernunft folgen? Hat er nicht
das Recht, ja die Pflicht, seinem Gewissen zu gehorchen? — Allerdings,
mein Lieber! Aber der Satz will näher angesehen werden. Er ist einer
von den vielen verfänglichen Sätzen, die blenden durch das Wahre, das
sie aussprechen und betrügen um die Wahrheit, die sie unterdrücken.
Dieser Satz ist ein Nachzügler zu den Lehrsätzen des flachen Rationalis=
mus, welcher die Vernunft jedes einzelnen Menschen als die einzige Er=
kenntnißquelle aller religiösen Wahrheiten und Pflichten aufstellt und
ihr in Allem das oberste Entscheidungsrecht zuschreibt. Nun aber hat
der liebe Gott, der alle Menschen zu derselben ewigen Seligkeit erschaffen
hat, auch allen Menschen dieselben Bedingungen dazu aufgestellt, d. h.
er hat für alle Menschen die eine und dieselbe Religion bestimmt, ge=
offenbart. Wenn du nun in Sachen der Religion dich um die göttliche
Offenbarung gar nicht kümmerst und sagst: ich habe meine Vernunft;
ich will mir die Religion selber nach bestem Wissen und Gewissen zurecht=
legen; bist du da auf dem rechten Wege? — Was für dich recht ist,
wird wohl auch für jeden andern Menschen recht sein? Wie viele Reli=
gionen kommen da wohl heraus? Und Gott wird sich wohl nach dem
Eigensinn eines jeden Menschen richten müssen und sie Alle gleichmäßig
belohnen: sie haben ja Alle redlich geforscht? Da dir die ganze christ=
liche Welt sagt: Gott habe die Religion geoffenbart, darfst du dieser
Behauptung gegenüber nicht sagen: das geht mich nichts an! Du hast
die Pflicht, dich um den Willen Gottes zu kümmern. Allerdings hast
du darum auch das Recht, die Beweise zu verlangen und zu prüfen,

dem er nur die Gleichberechtigung aller Formen des Christenthums ausspricht. Seine
Ohnmacht aber liegt in seiner Inconsequenz und fällt unter die Verurtheilung des
18. Satzes.

welche für die geschichtliche Wahrheit jener Thatsache und für die Gött=
lichkeit der Offenbarung dir geboten werden. Steht es dann für dich
wie für so viele Myriaden, die vor dir geglaubt, fest, daß Gott die Reli=
gion geoffenbart und in der von ihm gegründeten Religionsgesellschaft
ein unfehlbares Lehramt der Offenbarung eingesetzt habe; dann legt dir
die Vernunft selbst die unabweisbare Pflicht auf, um der göttlichen All=
wissenheit und Wahrhaftigkeit willen Alles demüthig und unerschütter=
lich fest zu glauben, was Gott geoffenbart hat und durch sein Lehramt
zu glauben vorhält. Deine Vernunft hat Pflicht und Recht, die Glau=
bensgründe zu prüfen und dich so zum Glauben zu führen, aber sie hat
das Recht nicht, über die Aussprüche Gottes und seines Lehramtes sich
als Richterin aufzuwerfen, um etwa als falsch zu verwerfen, was sie
nicht versteht. Der Allwissende muß Vieles wissen, was auch der ge=
lehrteste Mensch nicht weiß, noch versteht. Es genügt ihm, durch das
wahrhaftige Zeugniß Gottes zu wissen, daß es wahr sei. — Es ist
allerdings wahr, daß der Mensch immer seinem Gewissen folgen solle.
Aber man übersieht dabei sehr oft, daß es auch ein falsches, irregeleitetes
Gewissen gibt. Das Gewissen setzt das Wissen voraus. Wie nun
dem Menschen das Wissensvermögen, d. h. die Vernunft, natürlich und
angeboren ist, so auch das Gewissen, aber nur in dem Maße wie das
Wissen. Das unmündige Kind oder der blödsinnige Mensch haben offen=
bar nicht mehr Gewissen als Wissen. Damit der Wille des Menschen
zwischen Gut und Bös wählen könne, muß der Verstand diesen Unter=
schied vorher gemacht haben, denn das, von der bloß sinnlichen Begier=
lichkeit unterschiedene eigentliche Wollen kann nur dem Verstande folgen.
Daher der Grundsatz: nihil volitum nisi praecognitum, Nichts ist ge=
wollt, es sei denn vorher erkannt. So muß denn im Menschen auch
das Gewissen durch richtiges Wissen ausgebildet werden. Und dieser
Grundsatz führt uns zur Würdigung des leider so weit verbreiteten re=
ligiösen, oder richtiger, irreligiösen Indifferentismus.

Dieser ist das legitime Kind der Häresie. Der Protestantismus
überantwortete das todte, geschriebene Wort Gottes der freien Forschung
eines Jeden. Er machte damit jeden Menschen zum Richter in religiösen
Dingen. Der Mensch aber verehrt nicht lange das, was ihm untergeben
ist; die Bibel und ihr Inhalt mußten verächtlich werden. Sobald jeder
Mensch zum Doctor der Theologie gemacht war, wurde die Religion
das weite Kampffeld, auf dem ein Jeder sich hervorthun und die An=
dern überwinden wollte. Die Religion wurde ein Geschwätz. Wie es

die Beweglichkeit des menschlichen Geistes und Herzens mit sich bringt, machte Jeder in seinem Leben eine mehr oder minder lange Reihe von Formen des Christenthums, und (wenn die Grammatik es zu sagen erlaubt) von Christenthümern durch. Von dem Jahre 1517 bis zum Ende des Jahrhunderts entstanden, nach Zeitgenossen, nicht weniger als 270 Secten oder Formen des Protestantismus, und es gibt wohl keinen Gelehrten, der uns alle Gestaltungen, die der Protestantismus bis auf den heutigen Tag erlitten hat, aufzuzählen vermöchte. Dieses ewige Rütteln und Ummodeln am Christenthum mußte zahllose Menschen entweder ganz oder theilweise irre machen und das Christenthum selbst als zweifelhaft erscheinen lassen. Dieses ewige Gezänke um Religion mußte Viele ermüden, überdrüssig machen, und der wechselseitige Haß der Secten und Sectlein, der das Beisammenleben höchst unerquicklich machte, wurde von Manchen dem Christenthum selbst zur Last gelegt. Man begreift darum wohl, wie die Einen, an der Wahrheit verzweifelnd, sich rein dem Sinnlichen hingaben und practisch gegen alle Religion gleichgültig wurden, Andere aber Grundsätze aufstellten, die, bei der Verschiedenheit der religiösen Ansichten, doch das bürgerliche Zusammenleben erträglich machen sollten, und so wenigstens eine grundsätzliche Gleichgültigkeit schufen. Die practische Gleichgültigkeit ist aber nichts anderes, als das Aufgeben alles Höheren, Geistigen und Ewigen, die volle Verkennung der Menschennatur und die Herabwürdigung des Menschen zum Thiere, wenn nicht unter dasselbe. Der Mensch besteht einmal aus Leib und Seele. Sein unsterblicher Geist hat seine Bedürfnisse so gut als der Leib. Werden diese nicht durch den Glauben, die Hoffnung und die Liebe zu den geistigen ewigen Gütern durch sorgsam gepflegtes inneres Seelenleben nach Oben gerichtet und, so viel es in diesem Leben möglich ist, befriedigt, so werfen sie sich, sammt der ungebundensten sinnlichen Begierlichkeit, auf das Irdische und Niedrigere. Der Mensch kennt dann nur zeitliche Güter als Quellen sinnlicher Freuden und thierischer Genüsse. Dann entsteht ein unersättlicher Durst nach Habe und Besitz, ein rasendes Wettrennen um zeitlichen Erwerb. Die Erde wird zu enge, ihre Güter zu gering. Denn das Menschenherz ist für den Besitz des Unendlichen geschaffen und befähigt, und das Unendliche findet es außer Gott nie. Sein Leben wird also ein rastloses Arbeiten, ein ewiges Suchen, ein athemloses Rennen, bis er in die Grube fällt, um da zu modern. Wahrlich das letzte der Thiere war in seinem Leben glücklicher als er! — Wie sieht es mit ihm in der

Ewigkeit aus? Hat er, ich will nicht sagen als Lohn, eine ewige Selig=
keit verdient, sondern nur zur Seligkeit sich befähigt? Die Seligkeit des
Geistes kann doch offenbar nur in der Erkenntniß und Liebe, in der
Anschauung und im Besitze Gottes, d. h. wesentlich in geistigen, über=
sinnlichen Freuden bestehen. Ist aber eine Seele, die sich ihr Leben lang
in die Materie versenkte und nur für das Fleischliche und Irdische, für
Freuden des Gaumens und noch niedrigere Sinn hatte, geistiger Freu=
den fähig, für das rein Geistliche empfänglich? Die schönste Musik ist
für den Tauben, das schönste Gemälde für den Blinden wie gar nicht
vorhanden. Will der Mensch an dem Wahren, Schönen und Guten
Freude und Genuß finden, so muß er sich den Sinn dafür entwickeln
und ausbilden, und das Maß dieser Entwicklung und Befähigung wird
zum Maße seiner Freude und seines Genusses.

Von diesem Gesichtspunkte aus muß die grundsätzliche Gleich=
gültigkeit in Bezug auf Religion beurtheilt werden. Sie ist in den
drei folgenden Sätzen vom Papste verurtheilt.

„16. Die Menschen können bei Beobachtung jeder beliebigen
„Religion den Weg des ewigen Heiles finden und das ewige
„Heil erreichen.“

„17. Wenigstens muß man gute Hoffnung hegen bezüglich des
„ewigen Heiles aller Jener, welche in der wahren Kirche Christi
„sich auf keine Weise befinden.“

„18. Der Protestantismus ist nichts anderes als eine verschie=
„dene Form einer und derselben wahren christlichen Religion,
„in welcher Form es ebenso wohl möglich ist, Gott zu gefallen,
„als in der katholischen Kirche.“

Diese Gleichgültigkeit ist eine Frucht, weil eine unabweisbare Con=
sequenz des Protestantismus. Hatte man einmal den Grundsatz aufge=
stellt, daß die Bibel die einzige Glaubensquelle und jeder Leser ihr be=
rechtigter Ausleger sei; so konnte man nicht umhin zu erklären, daß
Jeder selig werden könne in der von ihm aus der Bibel herausgelesenen
Religion, wenn er auch allein, außer jedem kirchlichen Verbande, mit
seiner Ansicht dastehe. Diese Consequenz wollte freilich keiner der Re=
formatoren seiner eigenen Autorität gegenüber gelten lassen; Jeder wollte
allein Reformator sein für alle Andern, Jeder verdammte alle Andern; aber
die Consequenz lag einmal im Princip und floß von selbst. Und so sind
unter ihren Jüngern Sätze landläufig geworden, vor denen sich die Re=

formatoren entſetzt hätten [1]. Dieſe Grundſätze ſind die bekannten Schlag=
wörter: Jede Religion, oder alle Religionen ſind gut. — Es kommt
nicht darauf an, was Einer glaubt, wenn er nur recht thut. — Ein Ehren=
mann ändert ſeine Religion nie. — Die Toleranz über Alles! — Wenn
man einen ſo tiefſinnigen Satz losgelaſſen hat, ſchaut man ſiegreich um
ſich und thut einen tüchtigen Zug aus dem Bierglas; denn der Papſt
und das Papſtthum liegen zu Boden.

Ich erlaube mir doch einige beſcheidene Fragen. Kann es eigent=
lich mehr als e i n e Religion geben? Die Religion iſt das geiſtige, ſitt=
liche Band, welches den Menſchen mit Gott verbindet. Die Religion
erkennen wir unvollkommen durch die Vernunft aus der Natur Gottes
und des Menſchen, vollkommen aber durch die übernatürliche Offen=
barung Gottes. Gibt es nun mehr als einen Gott, oder iſt der eine
Gott immer ein anderer? Gibt es mehr denn eine menſchliche Natur,
oder iſt dieſe eine immer zugleich eine andere? Kann dieſer eine Gott
eine ſtets wandelbare, oder verſchiedene ſich widerſprechende Religionen
geoffenbart haben? Soll der wahrhaftige Gott alle Irrthümer, welche
durch die Köpfe der Menſchen gehen, für Wahrheiten halten, oder
müſſen die Menſchen das für wahr halten, was vor Gott wahr iſt, da=
mit Gott und Menſchen übereinſtimmen, mit einander geiſtig verbunden
ſeien? — Offenbar ſcheint mir nur das zur Religion zu gehören, was
vor Gott wahr und recht und gottgefällig iſt. Es gibt alſo an ſich
nur e i n e Religion. Die Verſchiedenheit unter den Menſchen in Bezug
auf Religion kann alſo nur daher kommen, daß die Einen die ganze
Religion haben, die Andern aber in zahlloſen Abſtufungen nur größere
oder kleinere Bruchſtücke der Religion beſitzen. Iſt es nun gleichgültig,
ob man die Wahrheit, die ganze Wahrheit, anerkenne oder nicht? Wer
iſt ſo blödſinnig oder ſo verworfen, daß er ſage: mir iſt an der Wahr=

---

[1] Nur Zwingli hat ſich in einem Augenblick vergeſſen. Zu der Zueignung ſei=
es Hauptwerkes an Franz I., König von Frankreich, ſtellt er ihm in Ausſicht, daß
er im Himmel neben Chriſtus und den Apoſteln nicht nur die Heiden Sokrates,
Ariſtides, Antigone, Numa, Camillus, die Catonen, die Scipionen, ſondern auch die
Halbgötter Herkules und Theſeus ſehen werde. Das war Luthern zu viel. Er er=
klärte den Zwingli ſelber für einen Heiden, der die gottloſen Heiden und ſelbſt
Scipio, den Epikuräer, und Numa, den Gründer des Götzendienſtes bei den Römern,
zu Chriſtus in den Himmel verſetze. Denn, fragt er, wozu noch die Taufe und an=
dere Sacramente, wozu noch die Schrift und Jeſus Chriſtus ſelbſt, wenn Gottloſe,
Götzendiener und Epikuräer heilig und ſelig ſind? Heißt das nicht ſagen: Jeder
könne in ſeiner Religion ſelig werden? L u t h e r : Kurzes Bekenntniß.

heit nichts gelegen? Gott mag sagen und befehlen, was er will; ich glaube und thue, was ich will, und Gott muß doch mich ewig selig machen? — Wenn alle Religionsformen aber berechtigt sein sollen, so müssen sie alle wahr, alle gottgefällig sein. Dann aber sind sie alle falsch, weil jede die andere mit Recht (wie vorausgesetzt) als irrthümlich verurtheilt; dann muß Gott zugleich das Widersprechende für wahr und zugleich für falsch halten; dann ist Vernunft baarer Unsinn; dann braucht man gar keine von allen. Und das ist's wohl, was der Satz will: Es kommt nicht darauf an, was man glaubt, wenn man nur recht thut. — Hier hat der Protestantismus so recht den Kreis des Irrthums durchlaufen. Bei seinem Entstehen verlangte er nur den Glauben; der Glaube allein machte damals selig; jetzt, nachdem ihm der Glaube abhanden gekommen, verlangt er nur die Werke. — Das ist aber eben die Kunst, recht zu leben ohne recht zu glauben. Wollte man sich lächerlich machen, so brauchte man nur in einer Gesellschaft von Künstlern zu sagen: es kommt nicht darauf an, was für Ansichten und Grundsätze Jemand über Musik, Malerei oder Baukunst habe, wenn er nur schön spielt, malt oder baut. Um das Rechte zu wollen und zu vollbringen, muß man es zuerst kennen, und wenn es mit Schwierigkeit verbunden ist, muß der Verstand zu dessen Ausführung mit mächtigen Beweggründen den Willen begeistern. So lange der Mensch als Mensch, d. h. vernünftig handelt, wird der Verstand mit seiner Erkenntniß dem Willen vorleuchten. Wenn es auch wahr ist, daß der Mensch oft seinen Grundsätzen zuwider handelt, so geschieht dieß doch nur ausnahmsweise. In der Regel handelt er, wie er denkt, und nur äußerst selten besser als er denkt. Darum ist auch das Verderbniß, die Fälschung des Verstandes durch schlechte Grundsätze, das tiefste, weil am schwersten heilbare Verderbniß des Menschen. Deßhalb gehen auch alle Jene, welche ihre Mitmenschen verderben oder bessern wollen, vor Allem darauf aus, ihnen schlechte oder gute Grundsätze beizubringen. — Um also gottgefällig zu leben, muß man vor Allem über Gott und das Göttliche richtig denken, den wahren Glauben haben. Es ist hiebei ein Doppeltes nicht zu übersehen. Wie der Glaube ohne die Werke todt ist, so können auch alle Werke der Gerechtigkeit, wenn sie auch ohne den Glauben denkbar wären, ohne den Glauben uns nicht retten. Der liebe Gott verlangt mit vollstem Rechte vor Allem die Unterwerfung unseres Verstandes unter seine Autorität. So lange wir diese Unterwerfung verweigern, sind unsere Werke die Frucht unsers Eigensinnes; damit sie

uns übernatürlichen Lohn bringen können, müssen sie aus übernatür=
lichen, d. h. aus Beweggründen des Glaubens entspringen und zu Gott
als dem letzten Ziele durch den Glauben gerichtet werden. Darum er=
klärt der hl. Paulus so unumwunden, daß der Gerechte seines Glau=
bens lebe, und daß es ohne den Glauben unmöglich sei, Gott zu ge=
fallen. Zweitens darf man nicht übersehen, daß der Besitz der Wahr=
heit, welchen der wahre Glaube ermittelt, auch abgesehen von den
Werken, die als Früchte aus ihr entstehen, schon an und für sich ein
großes, unentbehrliches Gut ist. Jeder Mensch, der diesen Namen
verdient, legt auf die Bildung seines Verstandes einen großen Werth.
Der Glaube aber erleuchtet unsern Verstand mit dem Lichte der göttlichen
Wahrhaftigkeit und bildet ihn so, daß er mit dem göttlichen Verstand
übereinstimme. Gleichheit der Gesinnung ist die Grundlage wahrer
Freundschaft; und so ist es vor Allem der Glaube, der um Gott und
das vernünftige Geschöpf das heilige Band der Religion schlingt. Vor
Allem kommt es also auf den Glauben, auf die Wahrheit an.

Was ist also von dem Machtspruch zu halten: ein Ehrenmann
ändert die Religion nicht? — daß derselbe nie der Grundsatz
eines Ehrenmannes sein kann. Oder wie? Ist es nicht die heiligste
Pflicht jedes Ehrenmannes, der erkannten Wahrheit die Ehre zu geben,
die erkannte Pflicht zu erfüllen, den erkannten Irrthum einzugestehen,
aufzugeben? — Nur zwei Wesen sind unveränderlich: Gott, weil er
unfehlbar ist, und der Teufel, weil er unverbesserlich ist. Gewisse Leute
würden dir keinen Vorwurf machen, wenn du von Tag zu Tag schlechter
würdest, wenn du auf dem Wege des umgekehrten Fortschrittes eine
Wahrheit um die andere verwerfen würdest; aber es soll Schande sein,
sich der bisher nicht erkannten Pflicht und Wahrheit zu ergeben? —
Im Grunde ändert Niemand die Religion, sondern er ändert nur sich
in Bezug auf die Religion. Er war bisher im Irrthum, jetzt ver=
tauscht er ihn mit der erkannten Wahrheit. Ehre dem Muthigen! —
Den Protestanten übrigens sollte jenes Schlagwort nie über die Lippen
kommen; denn, was haben ihre Väter und Mütter im Glauben gethan?
Was ist der Protestantismus, d. h. das Recht der freien Forschung, an=
ders als das Recht des steten Wechsels in der Religion? Freilich kann
man kraft jenes Rechtes alle erdenklichen Secten durchmachen; man
kann ein fanatischer Wiedertäufer, ein flacher Rationalist, ein völliger
Heide, ein schmutziger Mormone werden: nur nicht Katholik! So weit
darf man sich auf die Toleranz der Alles Tolerirenden nicht verlassen.

Toleranz! Schönes Wort für oberflächliche Leute, und doch das Höchste, worauf man es in vierthalb Jahrhunderten hat bringen können! Man mag es einsehen oder nicht, es bleibt wahr, der Widerspruch im Glauben bringt Widerspruch im Wollen, und die Zerrissenheit in der Religion ist der wahren Menschenliebe und der bürgerlichen Eintracht immer schädlich gewesen. Man hat nun die verlorene Liebe einigermaßen ersetzen und die wirkliche Zwietracht mit Toleranz überkleistern wollen. Schauen wir uns das Wunderding etwas näher an.

Das Wort heißt auf deutsch einfachhin Duldung. Das Wort dulden brauchen wir nur, wenn von Etwas die Rede ist, das eigentlich nicht sein dürfte, nicht sein sollte, was wir gerne beseitigt haben möchten. So duldet jedes Thier gewisse leidige Einmiether, die die Miethe nie anders bezahlen als durch Stechen und Beißen. — Machen wir nun die Anwendung.

Mein katholischer Katechismus hat mir gleich in der Kindheit gesagt, ich solle, wenn ich selig werden wolle, Gott über Alles lieben wegen Seiner selbst, und aus Liebe zu Gott meinen Nächsten wie mich selbst. Auf die Frage: wer ist mein Nächster? wurde mir geantwortet: jeder Mensch, er sei Katholik oder Protestant, Jude, Mohammedaner oder Heide. Das Wort Toleranz habe ich aber, weil in einem ganz katholischen Lande, nie weder zu Hause, noch in der Schule, noch in der Kirche gehört. Ich habe aber auch weder zu Hause, noch in der Schule, noch in der Kirche über Protestanten oder Protestantismus je schimpfen gehört. Dennoch waren uns Protestanten und Protestantismus sehr gut bekannt. Das Dorf, in dem ich geboren wurde, liegt an dem einen Ende eines fünf Stunden langen, sehr beschwerlichen Alpenpasses. Auf unserer Seite der Alpenkette ist alles katholisch, auf der andern ist einst durch Bernertruppen alles protestantisch gemacht worden. Weil mein Dorf noch ganz und gar uncivilisirt ist, so hat es bis auf diese Stunde weder Hôtel noch Wirthshaus, noch Schenke noch Kneipe. Kommt nun so ein ultramontaner Protestant durch unser Dorf über den Berg her oder über den Berg hin, so wird er vom ersten besten, der ihn sieht, in's Haus gerufen, eine Stärkung zu sich zu nehmen. Es ist schon öfter vorgekommen, daß Nachbarn sich um den Gast gezankt haben. Dem Gast wird reichlich aufgetragen, und die Hausleute setzen sich zu ihm und halten mit, damit er sich ja nicht genire. Aber Keiner ist je durch diese Zutraulichkeit so frech geworden, daß er gefragt hätte, was er schuldig sei. Er bedankt sich herzlich und verlangt, daß man beim

nächsten Gange über den Berg bei Niemanden anders als bei ihm ein=
kehre, und geht mit Segenswünschen begleitet seines Weges. Bei solch'
einer Gelegenheit erfuhr ich nun zwei Neuigkeiten, die mich nicht nur
sehr wunderten, sondern bestürzt machten. Ein solcher Gast sagte, wir in
unserm Lande seien doch sehr glücklich, daß wir so gute Geistliche hät=
ten, bei ihnen stünde es damit sehr schlimm. Das Wort frappirte mich
sehr, denn bis dahin hatte ich immer geglaubt, alle Geistlichen seien
höhere, heilige Wesen. Nachdem sich der Gast entfernt hatte, sagte
mein Vater: es ist doch Jammerschade, daß diese Leute nicht die wahre
Religion haben; sie sind so gute, liebe Menschen! — Daß es auch eine
falsche Religion gebe, war mir eine sonderbare Entdeckung, die mich mit
tiefer Wehmuth erfüllte und mir gegen die protestantischen Nachbarn
ein recht inniges Mitleid einflößte. Dieses Gefühl ist mit mir aufge=
wachsen und wächst noch mit jedem Tage. Als ich später unter civili=
sirte Menschen kam, hörte und las ich viel von Toleranz. So oft
aber dieses Wort auf Menschen angewendet wird, erweckt es in mir
einen unsäglichen Widerwillen, es packt mich wie eisigkalt am Herzen.
Es muß geheimen Haß, tückischen, verhaltenen Groll in sich bergen.
Die Erfahrung zeigt es auch. — Fort mit der Toleranz! Du aber,
göttliche Charitas! weiche nie aus unserer Mitte. Gieße du lindernden
Balsam in die Wunden, welche die traurigste aller Spaltungen uns
Allen geschlagen hat. Banne du den Haß, und wir werden mit ein=
ander ruhig das besprechen, was uns entzweit und ganz gewiß verstehen
wir dann einander wieder!

Die Verwerfung des letzten Satzes in unserem Paragraphen wird
manchem redlichen Protestanten wehe thun. Ich bitte ihn aber, den Satz
selbst ruhig sich anzusehen und Nichts hineinzulegen. Es muß Jedem
einleuchten, daß der Papst nicht die Protestanten, sondern den Protestan=
tismus verdammt; und kein vernünftiger Mensch kann diese beiden mit
einander verwechseln: Sachen und Personen sind ewig zweierlei. Der
Papst verwirft den Protestantismus, weil er Katholik ist; der Katholi=
cismus aber negirt den Protestantismus, weil der Protestantismus den
Katholicismus negirt. Müssen darum wir, ich Katholik und du Prote=
stant, uns deßwegen wechselseitig verdammen? Ich glaube doch nicht;
ich thue es einmal meinerseits nicht, weil ich nicht dein Richter bin: du
stehst oder fällst deinem Herrn, Gott, nicht mir. Aber wir werfen ein=
ander Irrthum vor! Allerdings, und das ist traurig genug. Aber an
wem liegt die Schuld? Weder an mir noch an dir. Du hast den Pro=

teſtantismus ebenſo wenig geſchaffen, als ich den Katholicismus. Darum kann ich dir wohl mit aller Ruhe ſagen, und du mit aller Ruhe an= hören, warum der Papſt den Proteſtantismus verwirft.

Der Papſt, wie jeder vernünftige Menſch, muß es mit der Reli= gion ernſthaft nehmen: weil ſein und aller Menſchen ewiges Wohl oder Wehe von der Religion abhängt. Er iſt nun feſt überzeugt einerſeits, daß die Religion weſentlich von Gott geoffenbart ſei, und andererſeits, daß die Religion, die er lehrt und bekennt, die von Gott geoffenbarte Religion ſei. Er kann alſo nicht umhin zu ſagen: dem lieben Gott iſt Jedermann Glauben und Gehorſam ſchuldig; wer alſo von der göttlichen Offenbarung hinlängliche Kunde hat und ſie doch aus Gleichgültigkeit oder andern Gründen nicht annimmt, der verſündiget ſich ſchwer; wer das Gegentheil glaubt von dem, was Gott geoffenbart hat, der iſt im Irrthum: der Irrthum, auch der verſchuldete, kann ihm die Wahr= heit nie erſetzen, wenn aber unverſchuldet, ſo iſt er poſitiv ſtrafbar. — Muß nicht jeder Menſch, der eine ehrliche, aufrichtige Ueberzeugung hat, ſo ſprechen? Verurtheilt nicht jede Wahrheit den entgegengeſetzten Irr= thum? Kann ein vernünftiger Menſch ſagen: ich glaube an die von Gott geoffenbarte Religion; aber Jene, die es nicht thun, haben auch recht, ihr Widerſpruch iſt auch in der Wahrheit begründet, ſie wandeln ebenſo gut den Weg, der zum Leben führt, als ich? — Welcher Religions= lehrer, welcher Reformator oder Sectenſtifter hat je eine ſolche Sprache geführt? Hätte er nicht ſich und ſeine Lehre von vornherein für mehr als überflüſſig erklärt? — Nun, mein Lieber, was iſt der Proteſtantis= mus? Dem Worte nach nichts als Widerſpruch, Einſprache gegen den Katholicismus. Dieſe zwei ſind Gegenſätze, die ſich unerbittlich wechſel= ſeitig aufheben. Der Sache nach, was iſt der Proteſtantismus? Du wirſt mir ſelbſt geſtehen, daß es ſchwer iſt, klar und genau zu ſagen, was Proteſtantismus an ſich ſei. Auf der proteſtantiſchen Synode von Lauſanne, im Jahre 1836 wurde die Frage ſehr hitzig debattirt. Die Einen ſagten, Mitglied der proteſtantiſchen Kirche ſei ein jeder getaufte Menſch, der an die Bibel glaube und gegen die Irrthümer Roms pro= teſtire. Gegen dieſe gar zu orthodoxe Definition eines Proteſtanten erhob ſich allſeitiger Widerſpruch: man merzte an ihr ein Wort nach dem andern weg. Die Einen ſagten: die Taufe ſei eine leere Ceremonie, von der man keine Rechte, keine Eigenſchaften eines Menſchen abhängig machen dürfe. Andere entbanden vom Glauben an die Bibel, weil die Bibel doch offenbar zu viele Mythen enthalte. Wieder Andere meinten,

das bloße Protestiren gegen Rom thue es auch nicht, weil ja auch Ju=
den, Mohammedaner und Heiden protestirten. Der Geist kam ihnen
zu Hülfe und dictirte einem der Kirchenväter folgende Worte: „Mitglied
unserer Kirche ist Jeder, der sich zu ihr bekennt." Damit hatte die De=
batte ein Ende. — Diese Anschauungsweise ist consequenter, ächter Pro=
testantismus; denn dieser ist offenbar, wie der protestantische Professor
Vinet [1] sagt, keine Religion, s o n d e r n n u r d e r R a u m f ü r e i n e R e =
l i g i o n. Sein innerstes Wesen ist, nach demselben Schriftsteller [2], e i n
u n v e r s ö h n l i c h e r H a ß g e g e n d i e A u t o r i t ä t. — Freilich paßt diese
Auffassung nicht zur Richtung der bessern Protestanten, besonders in
Deutschland. Ich ehre ihr muthiges Ankämpfen gegen den religiösen Ra=
dicalismus, wie er sich in der Schenkel'schen Angelegenheit zeigt. Allein
es fragt sich, ob dem Grundprincip des Protestantismus der freien For=
schung gegenüber Schenkel oder seine Gegner Recht haben? ob Guizot
oder seine Widersacher consequent seien?

Aber, wirst du sagen, der Protestantismus anerkennt und procla=
mirt ja die Autorität Gottes in der Bibel. Ja wohl, das ist der
Standpunkt, den er anfangs einnahm und auf den er sich zurückzieht,
um sich gegen die katholische Kirche zu behaupten. Er braucht die Au=
torität Gottes in der Bibel, um die Autorität Gottes in der Kirche an=
zugreifen. Wie ist das möglich? Sehr einfach! Die Kirche anerkennt
die Bibel als Gottes Wort: der Protestantismus nimmt dieß wie ein
Zugeständniß an, behält sich aber das Recht vor, die Bibel auszulegen
nicht nur als mit der Kirche gleichberechtigter, sondern practisch als un=
fehlbarer Ausleger, während er von vornherein die Autorität der Kirche

---

[1] In seinem Essai sur la manifestation des convictions religieuses, p. 180.
Le protestantisme, quoiqu'on en dise, n'est que le dieu d'une religion.

[2] Une haine irréconciliable à l'autorité. — Vinet war als Professor der
Theologie in Lausanne den Radicalen noch viel zu ultramontan. Er wurde auf
brutale Weise von seinem Amte entfernt. — In der Dissidentenfrage erklärte Ab=
geordneter Richter, Prediger in Mariendorf bei Berlin, am 13. März 1865 vor
der zweiten preußischen Kammer: „Ich bin kein sogenannter Berufsgeistlicher, son=
dern Geistlicher aus voller Seele; aber ich erkläre Ihnen, es gibt bis jetzt noch
keinen umfassenden und durchgreifenden Begriff der Religion, und darum auch noch
keine christliche Kirche; für uns Christen ist nur das Wort Glaube maßgebend, nicht
das Wort Religion. . . . Wenn Sie aber durchaus eine Erklärung des Begriffes
Religion haben wollen, so erkläre ich Ihnen: Religion ist alles das, was im Ca=
techismus romanus steht." Köln. Bl. 1865. Nr. 77. S. 3. Sp. 1. Zahlreiche andere
Belege findet man bei Jörg: Geschichte des Protestantismus in seiner neuesten
Entwicklung (Freiburg, Herder), z. B. Bd. I. S. 467 u. 483 ꝛc.

läugnet. Das Wort der Schrift ist ein geschriebenes, todtes Wort, das sich nicht wehren kann, wenn man ihm auch die offenbarste Gewalt anthut. Es kann somit auch vom gläubigsten Protestanten doch nur als eine entfernte und thatsächlich untergeordnete Autorität angesehen werden. Die unmittelbare, practisch höchste Autorität, die das Endurtheil über jede Frage spricht, ist und bleibt sein eigener Geist, der das todte Wort der Schrift zum lebendigen macht. Diese Tactik hat freilich den ersten Protestanten, die sich gegen die von ihnen bis dahin anerkannte göttliche Autorität der Kirche empörten, große Dienste geleistet. Sie wird auch auf ewige Zeiten von allen Rechthabern befolgt werden, weil man dem Eigensinn ebenso wenig als dem Eigenwillen mit Gewalt beikommen kann. Aber sie ist höchst verderblich, eben weil sie dem Eigensinn so mächtigen Vorschub leistet. Wenn du in der Religion auch immer das letzte Wort behältst und alle Angriffe der Menschen abweisest, was hilft es dir vor Gott? Mit Gott hast du es zu thun.

Du würdigest aber das Wort Gottes unter dein Urtheil herab. Deine Meinungen unterschiebest du Gott. Deinen Irrthümern, die du in die Bibel hineinträgst, giebst du göttliches Ansehen. Denke doch, wie viele empörende Abscheulichkeiten sind nicht von gewissen Menschen und Secten mit dem Mantel der Bibel bedeckt, als Gottes Befehle vollbracht worden? Wenn zwischen zwei Bibelchristen ein Streit entsteht, was geschieht da? Jeder citirt die Bibel für sich, d. h. er setzt der Bibel die Bibel entgegen: sie gehen erhitzt, vielleicht erbittert auseinander. Jeder behält Recht, aber jedenfalls hat die Bibel Unrecht, weil sie Beiden Recht giebt. Die Hand auf's Gewissen, sage mir, lieber Leser, glaubst du, daß dieß in der Absicht des hl. Geistes lag, als er die hl. Schriftsteller inspirirte? Sollte die Bibel nur als neuer Zankapfel unter die Menschen geworfen werden? Ist es je einem Gesetzgeber (und die Menschheit hat doch schon so viele gesehen!) in den Sinn gekommen, ein Gesetzbuch zu schreiben und zu den Seinigen zu sagen: da habt ihr's! Jeder lese darin und thue darnach! Wenn Prozesse entstehen, so entscheiden die Parteien selber nach dem Gesetzbuche! — Es ist ein erkannter Grundsatz: Jedes Ding besteht durch das fort, durch welches es entsteht, oder das Princip des Seins bleibt in jedem Wesen stets dasselbe. Das Christenthum aber ist durch göttliche Autorität gesetzt und kann sich darum nur durch göttliche Autorität erhalten. — Christus der Gottmensch bleibt ewig der Mittelpunkt und die Seele seiner Kirche. Die Kirche ist sein mystischer Leib. Diesem Leibe werden wir durch die hl. Taufe eingegliedert. In diesem Leibe aber haben nicht alle Glieder dieselbe Stelle, noch dieselben Verrichtungen. Die Einen sind als Centralorgane den Andern übergeordnet; durch diese, als seine Organe, übt Christus immerfort seine Autorität aus. Von diesen hat er gesagt: Wer euch hört, der hört mich, und: Wer die Kirche nicht hört, ist einem Heiden oder öffentlichen Sünder gleich zu halten. Die Autorität der Kirche ist also keine andere als die Autorität Christi. Sie ist also göttliche, unfehlbare Autorität. Darum vermag sie stets dasselbe zu leisten, was sie von Anfang geleistet hat, d. h. das Dasein des Christenthums zu bewirken. — Es ist platter Unsinn, eine von Gott geoffenbarte Religion und keine unfehlbare, stets in ihr wirkende Autorität haben zu wollen. Denn, lieber Leser, entweder können du und ich, Kinder des 19. Jahrhunderts nach Christus, unfehlbar wissen, was Christus gelehrt und befohlen hat, oder nicht. Können wir es nicht unfehlbar wissen, wie können wir verpflichtet sein zu gehorchen? Er hat vielleicht dieß oder jenes nicht befohlen? Wie können wir besonders glauben? Wenn er dieß oder jenes gar nicht gesagt, oder in einem andern Sinne gesagt hat, laufen wir nicht offenbar Gefahr, ihm, dem wahrhaftigen Gott, einen Irrthum zu unterstellen? — Also ohne unfehlbares Lehramt kein Christenthum mehr! Ist dieß unfehlbare Lehramt der Bibel übertragen? Wo sagt das die Bibel von sich aus? — Enthält die Bibel Alles, was Christus durch Wort und That gelehrt und befohlen? Sie sagt selber ausdrücklich das Gegentheil und verweiset auf das lebendige Wort der Apostel an die Kirche. Wer sagt uns ferner, daß die Bibel Gottes Wort sei? Wer sagt uns, welche Schriften zur Bibel gehören? Soll jeder Mensch hebräisch und griechisch lernen, um die Bibel im Urterte zu lesen? Wer stellt den Urtert in der ursprünglichen Lesart uns her? dürfen wir jeder Uebersetzung der Bibel trauen? — Doch, nimm, da hast du die Bibel. Genügt es, um selig zu werden, zu sagen: ich glaube Alles, was in diesem Buche enthalten ist? — Kommt nicht auf die Aufnahme des todten Buchstabens in deinen Geist und dein Herz Alles an? Bist du bei der Auslegung unfehlbar? Und du läugnest die Unfehlbarkeit der Kirche? — Steht dir ganz gewiß der hl. Geist bei? Aber der Kirche nicht! Und dieser hl. Geist muß alle Auslegungen verantworten, die von den Lesern der Bibel schon gegeben worden sind? Der hl. Geist ist also eigentlich der Stifter der zahllosen Secten, welche das eine göttliche Christenthum so jämmerlich zerreißen?

Du siehst wohl, lieber Leser, daß der Protestantismus als solcher dir zwar die freie Forschung, die Freiheit der Meinungen garantirt, aber weder die Wahrheit noch die Aechtheit und Wirksamkeit der hl. Sacramente garantiren kann. Dieß kann nur die Kirche, welcher Christus sowohl die Wahrheiten als die Mittel des Heils anvertraut hat. Darum bleibt der alte, in allen christlichen Jahrhunderten proclamirte Satz stehen: Außer der Kirche kein Heil! Damit du aber diese Lehre recht verstehest und im Sinne und Geiste der Kirche anwendest, so schließe ich mit folgender Stelle aus einem Rundschreiben, welches unser hl. Vater Pius IX. am 10. August 1863 an die Cardinäle, Erzbischöfe und Bischöfe Italiens erlassen hat. So lautet sie: „Wir müssen hier wiederum, ehrwürdige Brüder, einen sehr schweren Irrthum erwähnen und rügen, in welchem einige Katholiken leider sich befinden, indem sie wähnen, daß Menschen, welche in Irrthümern, dem wahren Glauben und der katholischen Kirche ganz fremd, dahin leben, zum ewigen Heile gelangen können. Das aber widerspricht der katholischen Lehre ganz entschieden. Es ist Uns und Euch bekannt, daß Jene, welche in Bezug auf unsere heiligste Religion in unüberwindlicher Unwissenheit befangen sind, aber das natürliche Gesetz und seine von Gott in Aller Herzen eingegrabenen Vorschriften fleißig beobachten, und, bereit Gott zu gehorchen, ein sittliches und geregeltes Leben führen, durch die Kraft göttlicher Erleuchtung und Gnade das ewige Leben erlangen können; da Gott, welcher aller Menschen Sinn und Stimmung, Gedanken und Zustände vollkommen durchschaut, erforscht und kennt, nach seiner höchsten Güte und Milde gar nicht zuläßt, daß Jemand durch ewige Qualen gestraft werde, der nicht eine freiwillige Sündenschuld auf sich hat. Es ist aber auch eine allbekannte, katholische Glaubenslehre, daß Niemand außerhalb der katholischen Kirche gerettet werden könne, daß Jene, welche halsstarrig die Autorität und die Entscheidungen dieser Kirche verkennen und von der Einheit der Kirche und dem Nachfolger Petri, dem römischen Bischofe, welchem die Obsorge des Weinberges vom Herrn anvertraut ist, halsstarrig getrennt bleiben, das ewige Heil nicht erlangen können. Denn sonnenklar sind die Worte Christi des Herrn: Wenn Jemand der Kirche nicht Gehör gibt, so halte ihn für einen Heiden und Zöllner. — Wer euch höret, der höret mich, und wer euch verachtet, der verachtet mich; wer aber mich verachtet, der verachtet den, der mich gesandt hat. — Wer nicht glaubt, wird verdammt werden. — Wer nicht glaubt, ist schon gerichtet. — Wer nicht mit mir ist, ist gegen mich, und wer nicht mit mir sammelt, der zerstreut. Darum sagt der Apostel Paulus, dergleichen Menschen seien ganz verkehrt, und durch ihr eigenes Urtheil verdammt; und der Apostelfürst nennt sie lügenhafte Lehrer, welche verderbliche Secten einführen, den Herrn läugnen und schnelles Verderben über sich selbst herabziehen."

„Es sei jedoch fern, daß die Söhne der katholischen Kirche in irgend einer Weise feindlich gesinnt seien gegen Jene, die mit uns durch dieselben Bande des Glaubens und der Liebe gar nicht verbunden sind; sie sollen sich im Gegentheile befleißen, denselben in Armuth, Krankheit und in jeglicher Noth und Betrübniß mit allen Diensten christlicher Liebe beizuspringen und sie besonders aus der Finsterniß der Irrthümer, in denen sie erbarmenswerth befangen leben, zu befreien und sie zurückzuführen zur katholischen Wahrheit und zur liebevollsten Mutter der Kirche, die da nie aufhört, ihre mütterlichen Arme gegen sie liebevoll auszustrecken und sie ihrem Schooße wieder zuzuführen, damit sie in Glauben, Hoffnung und Liebe begründet und gefestigt, und in jeglichem Guten fruchtbringend, das ewige Heil erlangen."